David Wohlhart – Michael Scharnreitner – Elisa Kleißner

Mathematik für die 2. Klasse der Grundschule

Inhaltsverzeichnis

Inhaltsverzeichnis

So funktioniert dein Mathematikbuch

1 Bilde Mengen.

Jede Aufgabe hat eine Nummer. Daneben steht die Anweisung. Wenn du sie noch nicht selbst lesen kannst, lass sie dir vorlesen.

2 Schreibe

Das Heft sagt dir, dass du die Lösung in dein Mathematikheft schreiben sollst.

3 Finde ★

Der Stern zeigt dir, dass eine Aufgabe besonders knifflig ist.

Bleib in Form!

Mathematik lernst du am besten, wenn du immer wieder übst. „Bleib in Form!" hilft dir dabei.

Plusrechnen, Tauschaufgabe

Bei der Eule findest du wichtige Wörter.

Cedric und seine Freunde begleiten dich durch das Schuljahr. Jedes Kapitel beginnt mit einem Bild aus ihrer Abenteuergeschichte.

1. Das war die erste Klasse

1 Schreibe die Zahlen in Strichnotation.

1	2	3	4	5	6	7	8	9	10

2 Verbinde die Punkte von 1 bis 20.

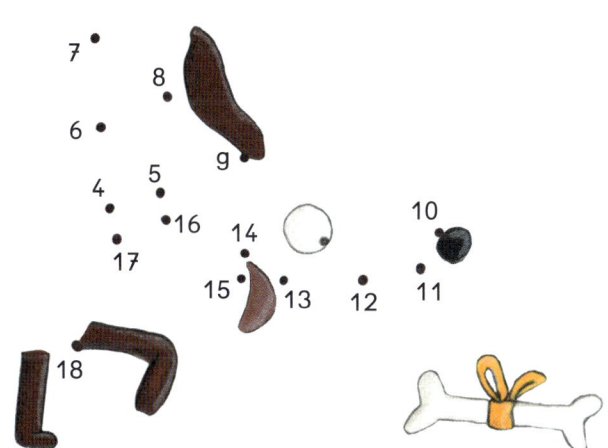

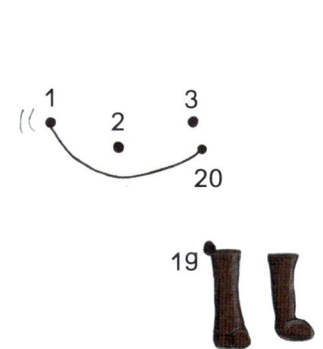

3 Verbinde die Dominosteine mit den richtigen Zahlen.

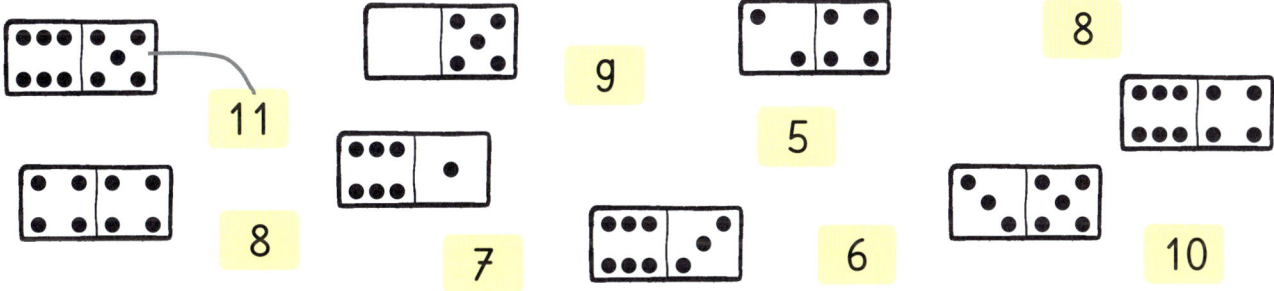

8

9

11

5

8

7

6

10

4 Ergänze die Zahlenreihen.

★ a) 0 → 2 → 4 → ☐ → ☐ → ☐ → ☐ → ☐ → ☐

b) 1 → 3 → 5 → ☐ → ☐ → ☐ → ☐ → ☐ → ☐

c) 20 → 18 → 16 → ☐ → ☐ → ☐ → ☐ → ☐

Wiederholung des Mathematikstoffs der ersten Klasse: Strichnotation, Zahlenreihen

1. Das war die erste Klasse

1 Schreibe die Plusrechnung und die Tauschaufgabe.

 5+2=7
2+5

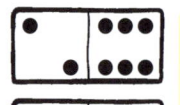 _____
_____

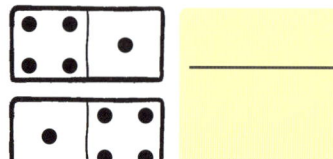 _____
_____

Plusrechnen, Tauschaufgabe

2 Lege und rechne bis 10 und dann weiter.

7 + 5 = ☐

7 + 5 = 1 2
   ╱╲
  3   2

8 + 5 = ☐	6 + 7 = ☐	9 + 2 = ☐
8 + 4 = ☐	5 + 8 = ☐	7 + 5 = ☐
9 + 6 = ☐	8 + 7 = ☐	8 + 3 = ☐
6 + 6 = ☐	7 + 6 = ☐	3 + 7 = ☐

3 Rechne und ergänze die fehlenden Rechnungen.

9 + 10 = ☐	5 + 7 = ☐	2 + 6 = ☐	7 + 10 = ☐
9 + 9 = ☐	6 + 7 = ☐	2 + 8 = ☐	6 + 9 = ☐
9 + 8 = ☐	7 + 7 = ☐	2 + 10 = ☐	5 + 8 = ☐
+ =	+ =	+ =	+ =
+ =	+ =	+ =	+ =

4 Finde Plusrechnungen mit dem Ergebnis 12.

_____

Bleib in Form!

5 Auf einen Blick: Welche Zahlen sind hier dargestellt?

 ☐  ☐   ☐  ☐  ☐  ☐

1. Das war die erste Klasse

1 Rechne.

5 – 2 =	10 – 1 =	10 – 3 =	15 – 5 =
5 – 4 =	10 – 4 =	10 – 9 =	15 – 1 =
5 – 1 =	10 – 5 =	10 – 2 =	15 – 3 =
5 – 5 =	10 – 6 =	10 – 7 =	15 – 2 =

2 Rechne bis 10 und dann weiter.

14 – 7 =

1 4 – 7 = 7
4   3

12 – 4 =	12 – 5 =	13 – 7 =
11 – 6 =	17 – 9 =	16 – 9 =
13 – 5 =	11 – 4 =	12 – 8 =

3 Drei Zahlen, vier Aufgaben.

a)
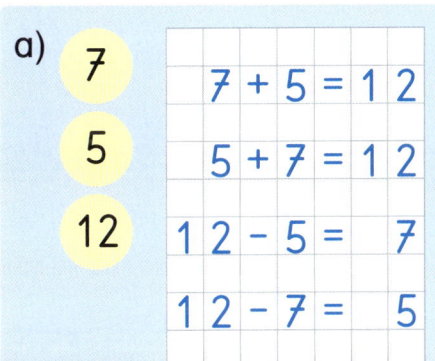

7
5
12

7 + 5 = 1 2
5 + 7 = 1 2
1 2 – 5 =   7
1 2 – 7 =   5

b) 9 8 17

c) 6 9 3

d) 8 7 15

e) 11 7 18

4 Rechne und ergänze die fehlenden Rechnungen.
Erkläre, wie du die fehlenden Rechnungen gefunden hast.

11 – 9 =	11 – 10 =	19 – 10 =	17 – 6 =
12 – 8 =	12 – 10 =	18 – 9 =	17 – 7 =
13 – 7 =	13 – 10 =	17 – 8 =	17 – 8 =
– =	– =	– =	– =
– =	– =	– =	– =

Wiederholung des Mathematikstoffs der ersten Klasse: Minusrechnungen im Zahlenraum 20, Umkehraufgaben
4) Die Kinder beschreiben die Zusammenhänge in den Päckchen.

1. Das war die erste Klasse

1 Male Kreise gelb, Dreiecke rot und Vierecke blau an. Zähle die Figuren.

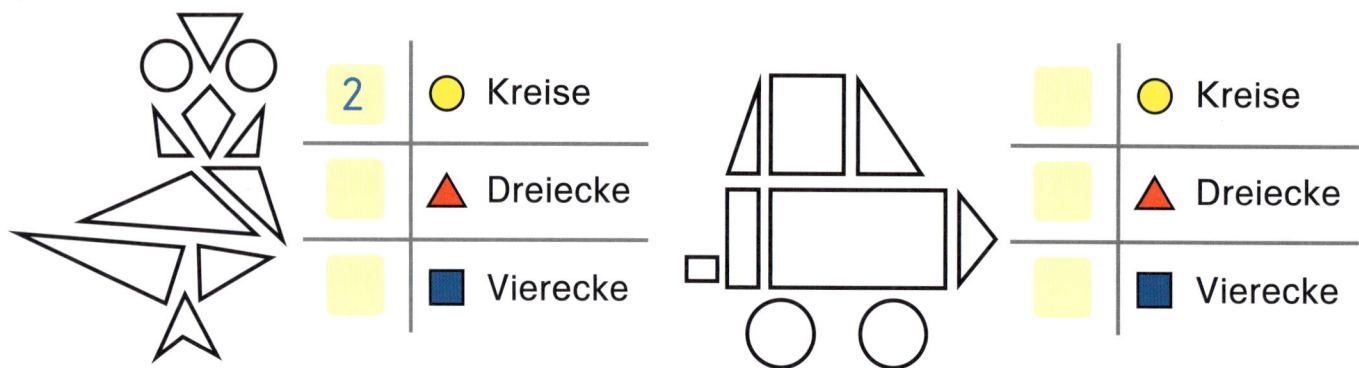

2	⬤ Kreise
	🔺 Dreiecke
	🟦 Vierecke

	⬤ Kreise
	🔺 Dreiecke
	🟦 Vierecke

2 Ergänze die Zahlenmauern.

Jeder Ziegel, der auf zwei anderen Ziegeln steht, enthält die Zahl, die sich aus der Summe der Ziegel unter ihm ergibt.

Zielstein 10   4+6=10
3+1=4   4   6   1+5=6
Grundsteine   3   1   5

Zahlenmauer, Grundsteine, Zielstein

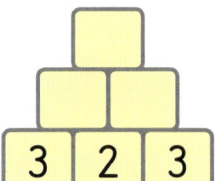 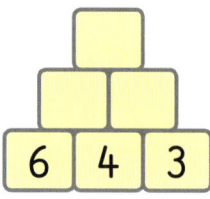 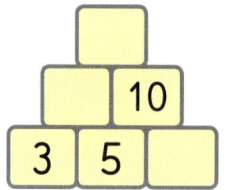 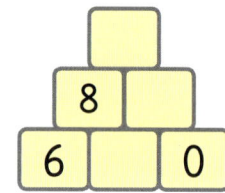 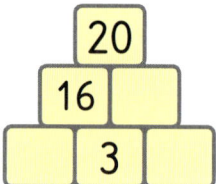

3 Ergänze die Zahlenmauern.

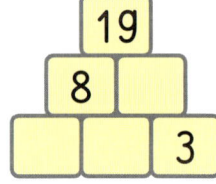 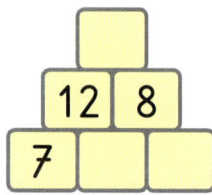 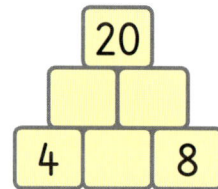  

Bleib in Form!

4 Auf einen Blick: Welche Zahlen sind hier dargestellt?

Wiederholung des Mathematikstoffs der ersten Klasse: geometrische Formen, Zahlenmauern

2. Zahlen bis 100

1 Wie viele Zehner und Einer siehst du?

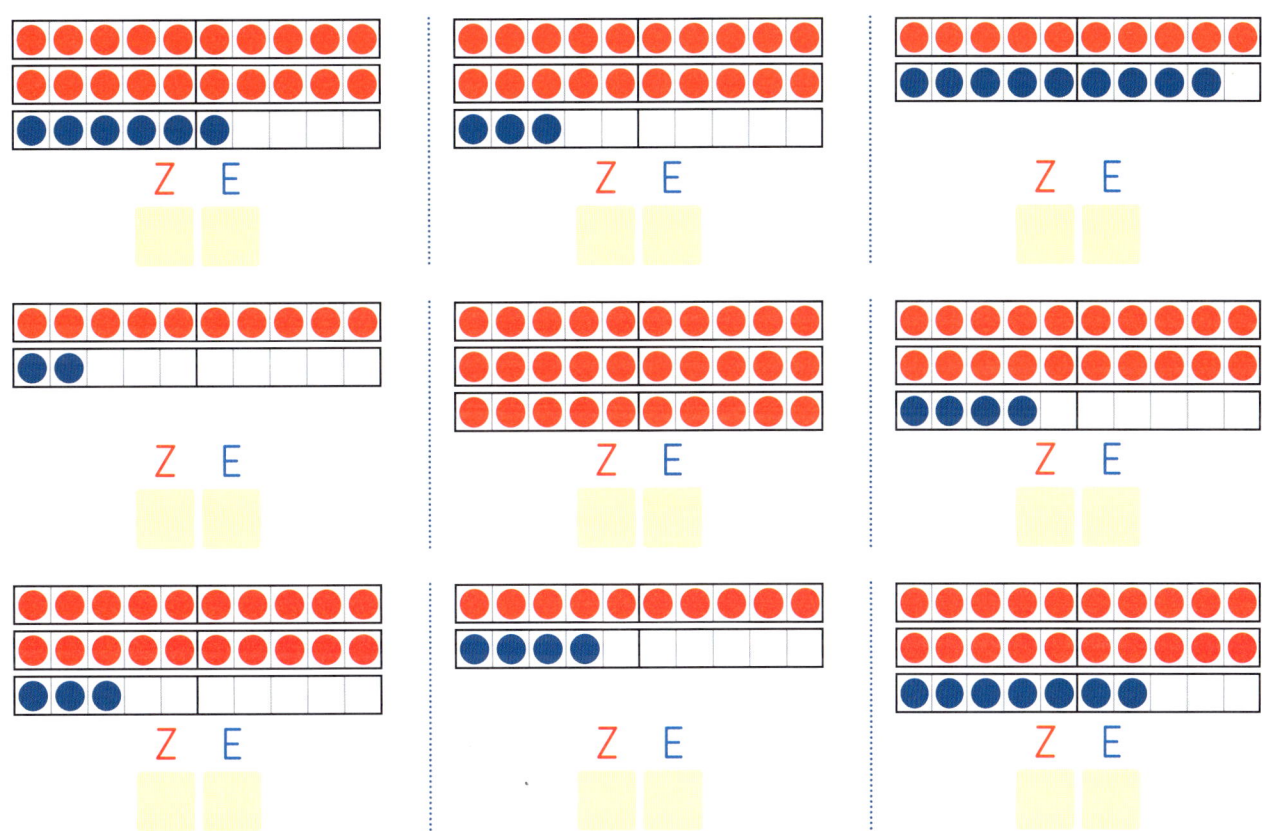

2 Schreibe die Zehnerzahlen.

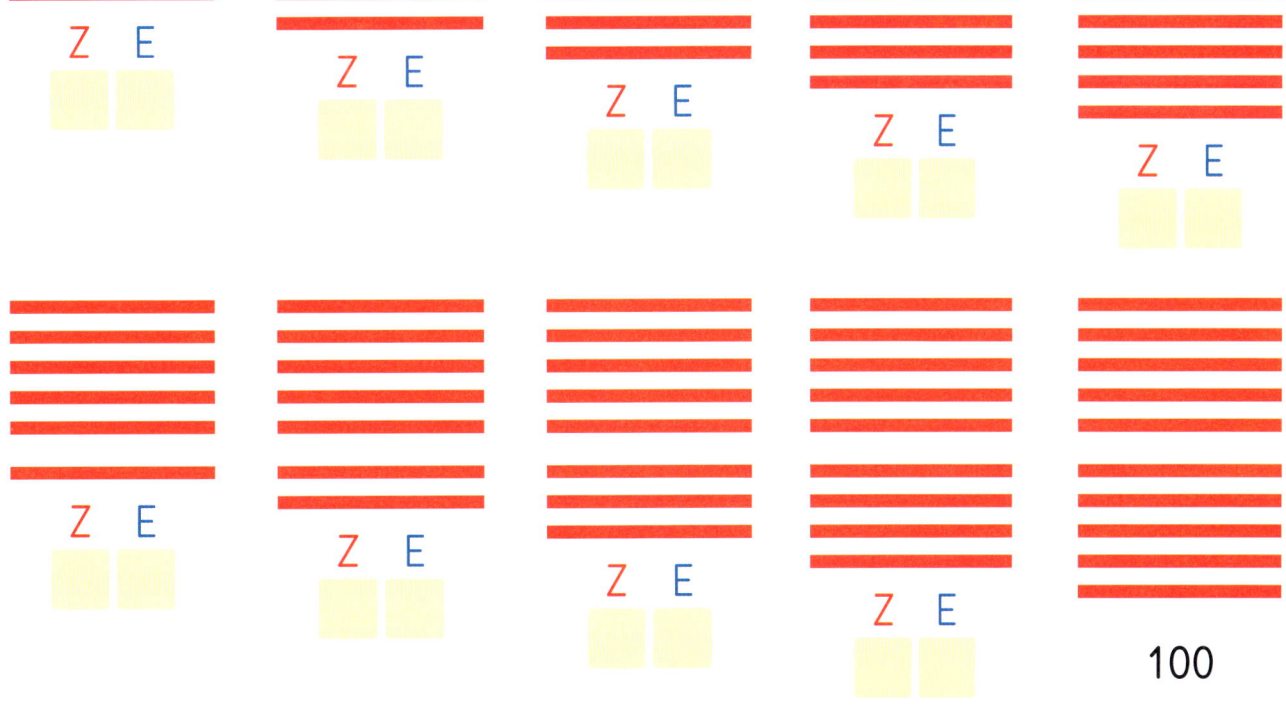

100

Dezimalsystem: Zehner und Einer
2) Die Kinder sprechen die Zehnerzahlen.

2. Zahlen bis 100

1 Welche Zahlen sind dargestellt?

Z E   Z E   Z E   Z E

Z E   Z E   Z E   Z E

2 Zeichne die Zahlen in dein Heft.

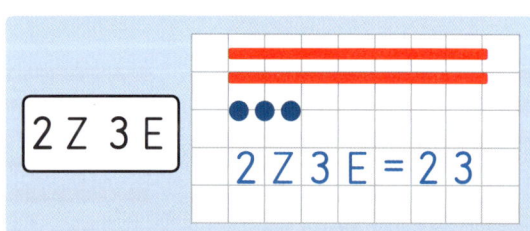

2 Z 3 E   2 Z 3 E = 2 3

1 Z 8 E	8 Z 5 E	2 Z 4 E
2 Z	7 E	1 Z 3 E
7 Z 1 E	3 Z	4 Z 6 E

3 Denke dir selbst drei Zahlen aus und zeichne sie in dein Heft.

Bleib in Form!

4 Rechne.

4 + 4 =   2 + 2 =   6 + 6 =   7 + 7 =

3 + 3 =   5 + 5 =   8 + 8 =   9 + 9 =

Dezimalsystem: Stufenschrift

1 Schreibe die Zahlen.

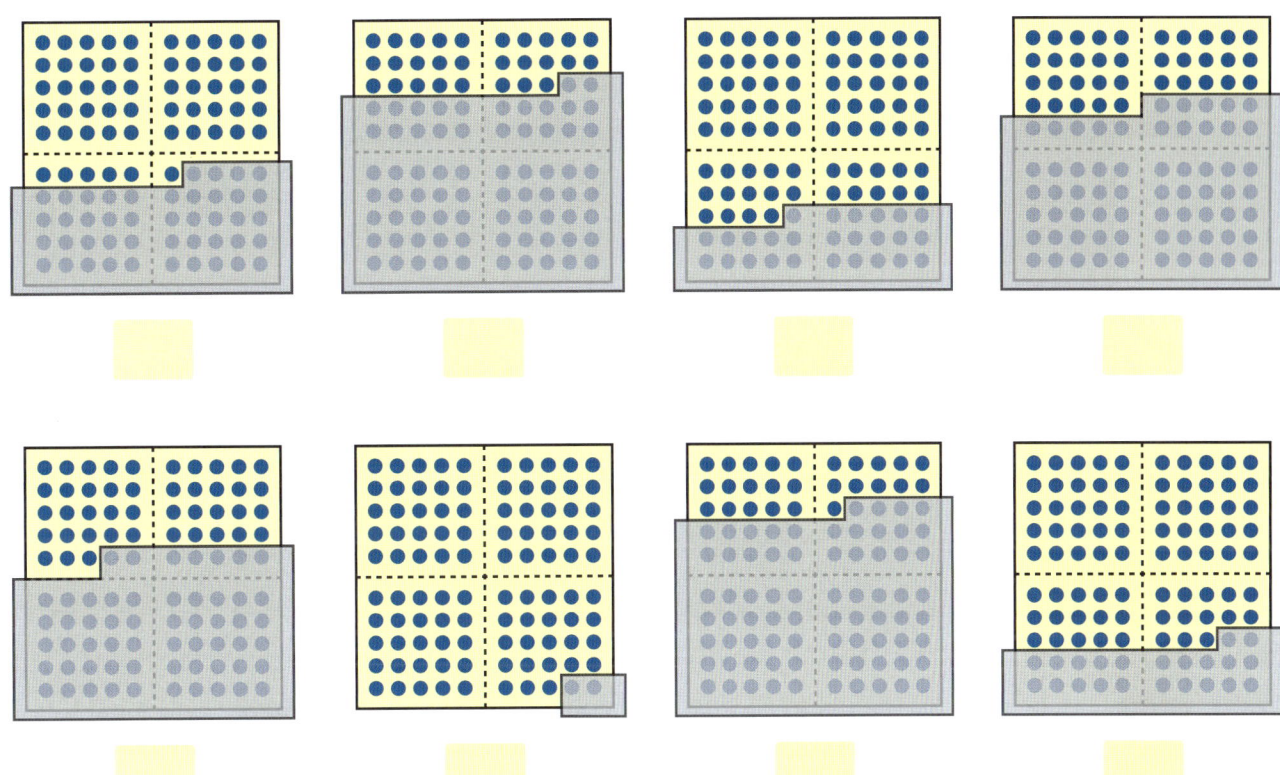

2 Stelle die Zahlen in deinem Heft dar.

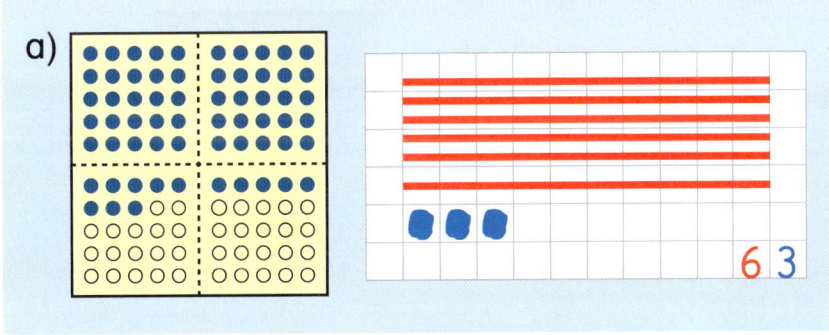

Nach 5 Strichen lasse ich einen kleinen Abstand.

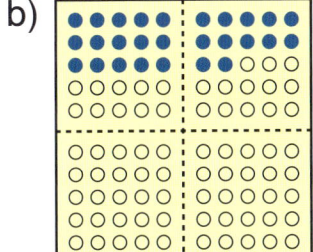

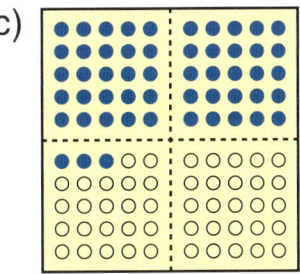

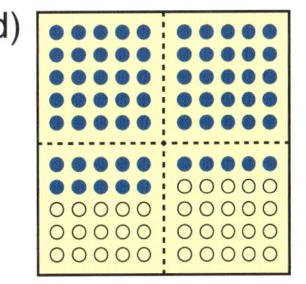

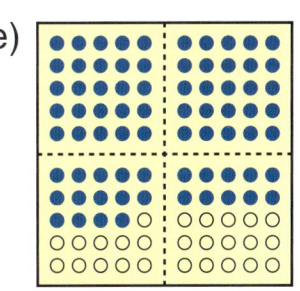

Zahlenraum 100: Hunderterfeld
TIPP 1) Das Hunderterfeld ist auf der Rückseite des Schülerbuches abgebildet. Die Abdeckplatte kann aus DIN A4-Karton hergestellt werden.

3. Pentominos

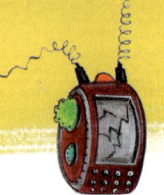

1 Zeichne die Spiegelbilder der Pentominos.

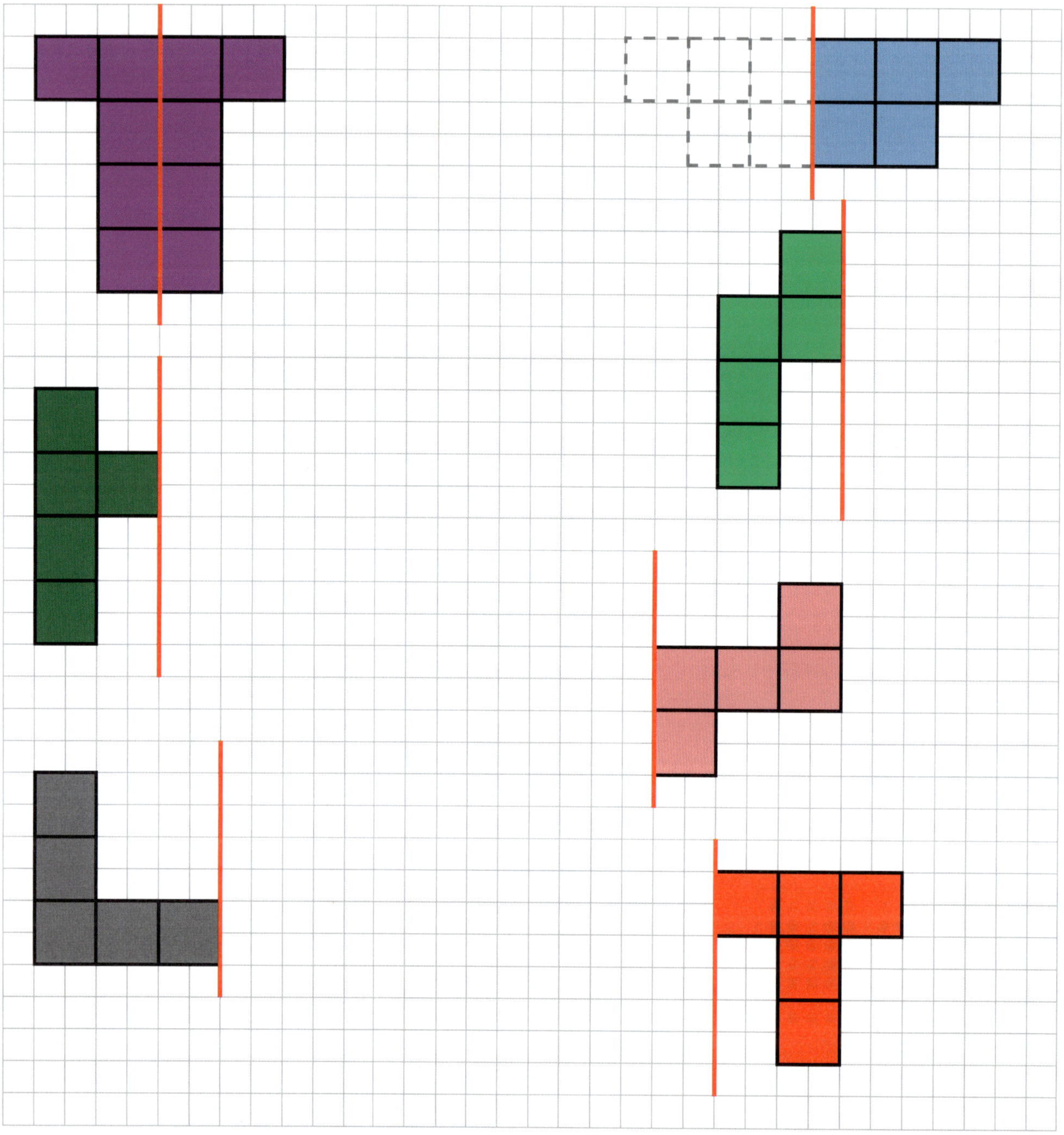

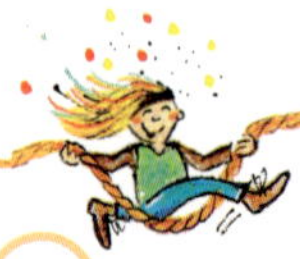

Bleib in Form!

2 Zeichne das Ornament fertig. Beschreibe das Muster.

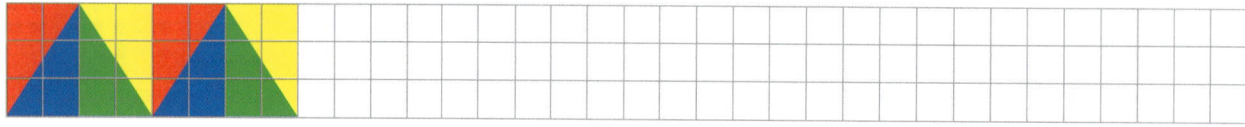

Raum und Form: geometrische Figuren, Pentominos, Spiegelbilder

TIPP Ein Handspiegel erleichtert die Arbeit und das Verständnis.

3. Pentominos

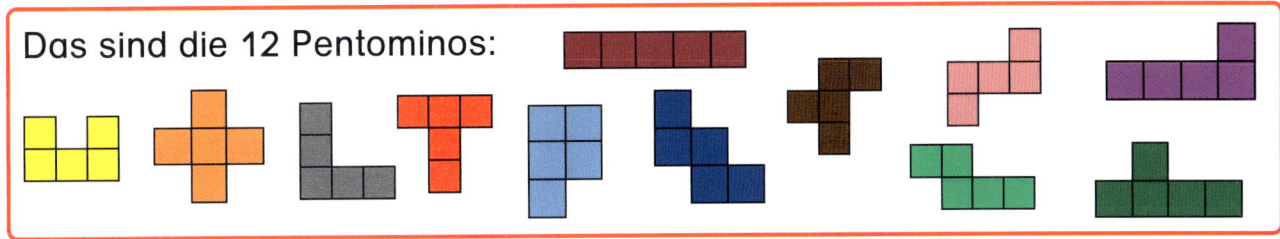

Das sind die 12 Pentominos:

1 Finde Pentominos und male sie an.

2 Finde Pentominos und male sie an.

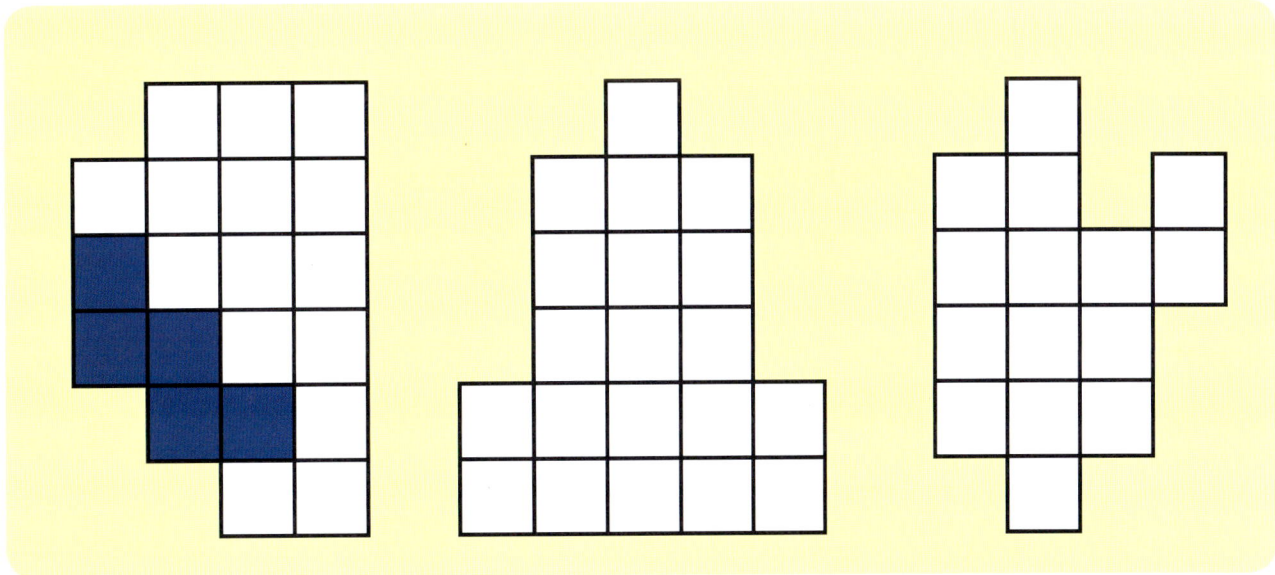

Raum und Form: Pentominos
Die Kinder verwenden zum Legen die Pentominos aus der Stanzvorlage.
2) Verschiedene Lösungen sind möglich.

3. Pentominos

1 Bestimme die Fläche dieser Figuren. Schreibe ■ für ein Kästchen.

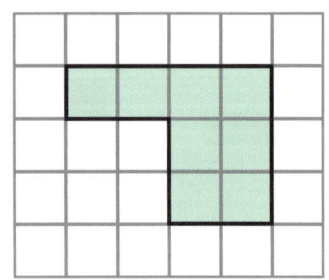

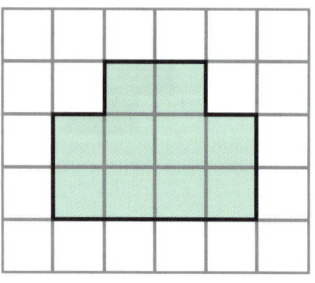

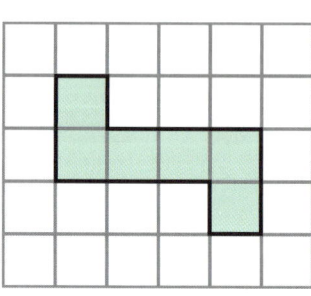

Fläche

Fläche = 8 ■   Fläche =   Fläche =

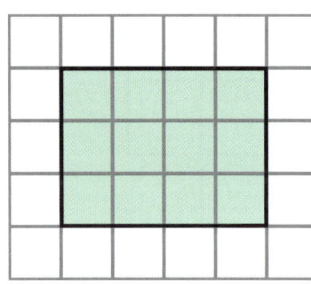

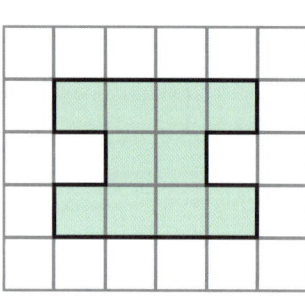

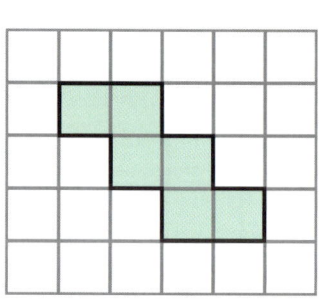

Fläche =   Fläche =   Fläche =

2 Erfinde selbst Figuren mit der angegebenen Fläche.
Vergleiche deine Lösungen mit anderen Kindern.

a) Eine Figur mit der Fläche 3 Kästchen.
b) Eine Figur mit der Fläche 7 Kästchen.
c) Eine Figur mit der Fläche 8 Kästchen.
d) Eine Figur mit der Fläche 15 Kästchen.
e) Eine Figur mit der Fläche 18 Kästchen.

Zeichne immer mit gespitzten Stiften.

Bleib in Form!

3 Rechne.

6 − 3 =	12 − 6 =	8 − 4 =	20 − 10 =
10 − 5 =	18 − 9 =	2 − 1 =	16 − 8 =
7 − 3 =	15 − 3 =	13 − 2 =	19 − 7 =
12 − 1 =	8 − 3 =	18 − 7 =	13 − 3 =

Raum und Form: Fläche von Figuren
Die Kinder ermitteln die Flächen durch Zählen der Kästchen.

14

4. Die Hundertertafel

1 Trage diese Zahlen in die Hundertertafel ein.

15 ✓ 26 55
72 49 10
23 36 46
73 63 53
100 95 7
59 68 77
42 33 24

1	2	3					8		
	12			15				19	20
21									30
31									
				45					50
	52								
								69	
71							78		
		83	84		86				90
						97			

2 Verbinde die Wörter mit den richtigen Zahlen.

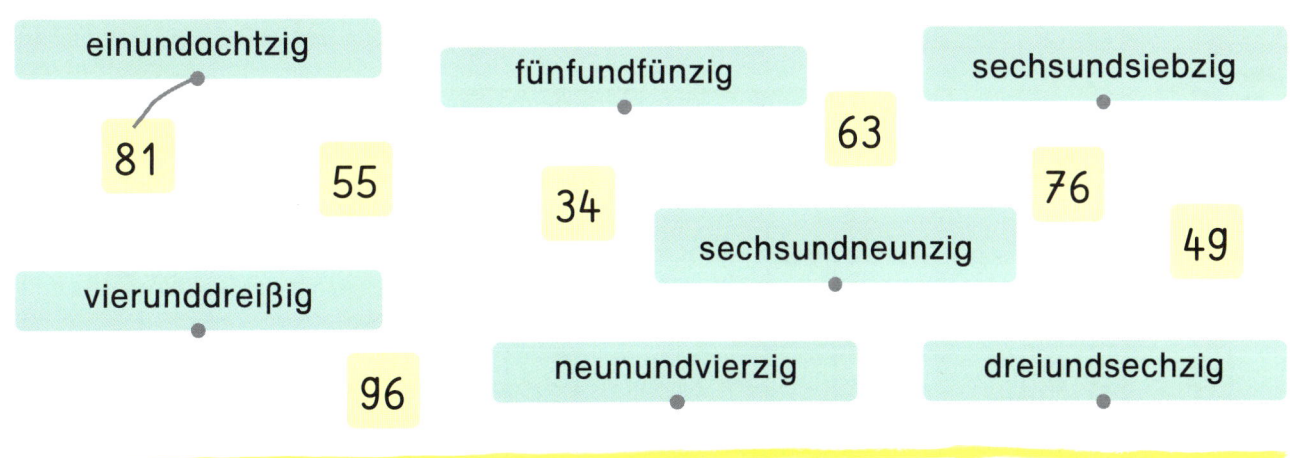

einundachtzig

fünfundfünzig

sechsundsiebzig

81

63

55

76

34

sechsundneunzig

49

vierunddreißig

96

neunundvierzig

dreiundsechzig

4. Die Hundertertafel

1 Nenne die Nachbarzahlen.

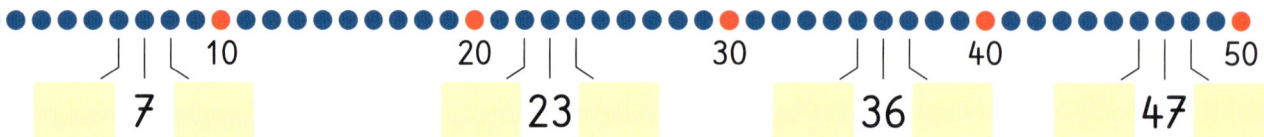

| 7 | | 23 | | 36 | | 47 | |

2 Nenne die Nachbarzahlen.

	16			49			24			9			38	
	32			78			53			65			45	

3 Welcher Zehner liegt am nächsten bei der Zahl?

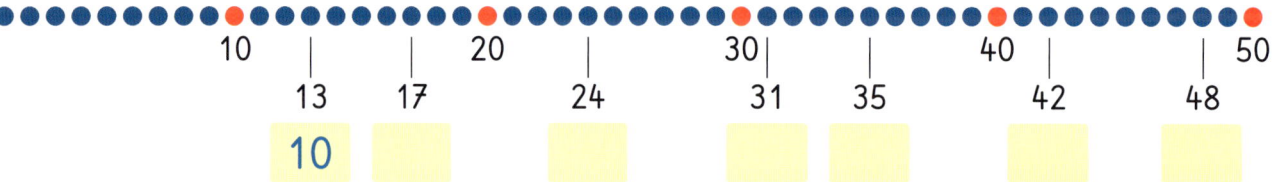

| 13 | 17 | 24 | 31 | 35 | 42 | 48 |

| 10 | | | | | | |

4 Finde die gesuchten Zahlen.

a) Welcher Zehner liegt am nächsten bei der Zahl 61?

b) Welcher Zehner liegt am nächsten bei der Zahl 87?

c) Welcher Zehner liegt am nächsten bei der Zahl 54?

d) Welcher Zehner liegt am nächsten bei der Zahl 33?

e) Welcher Zehner liegt am nächsten bei der Zahl 78?

Bleib in Form!

5 Ergänze die Zahlenmauern.

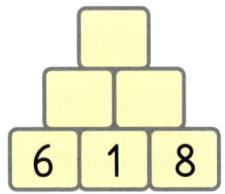
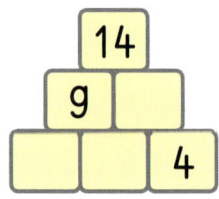
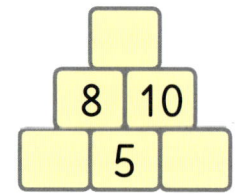
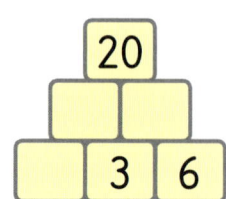

Zahlenraum 100: Nachbarzahlen, Nachbarzehner
3) Bei der Zahl 35 sind sowohl 30 als auch 40 richtige Lösungen.

16

4. Die Hundertertafel

1 Welche Zahlen sind auf dem Zahlenstrahl markiert?
Schreibe sie in die Tabelle.

a)
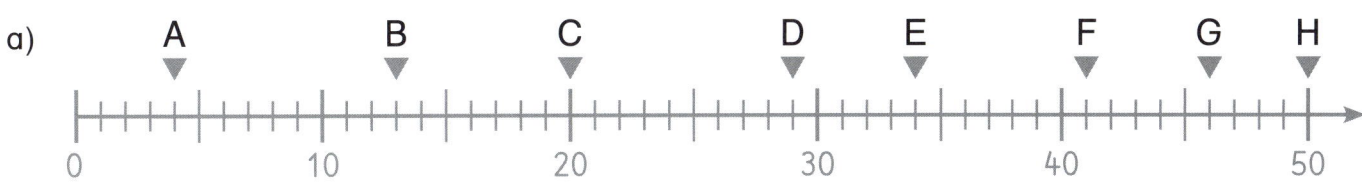

A	B	C	D	E	F	G	H
4							

b)
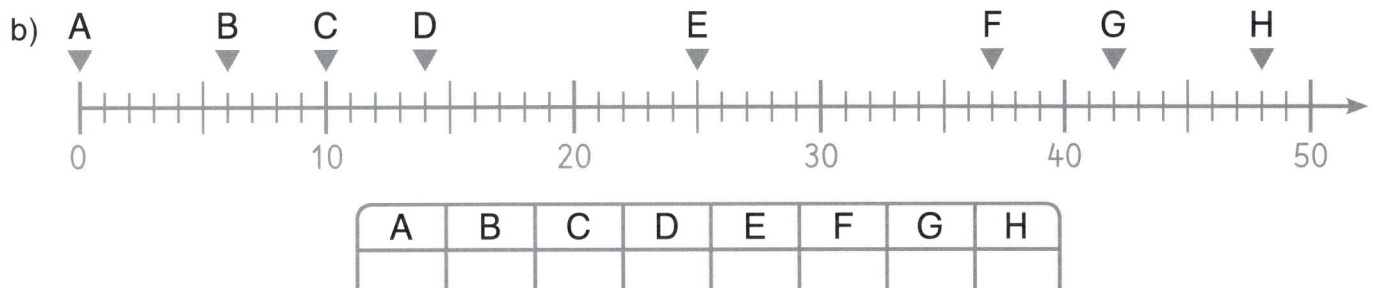

A	B	C	D	E	F	G	H

2 Welche Zahlen sind auf dem Zahlenstrahl markiert?
Schreibe sie in die Tabelle.

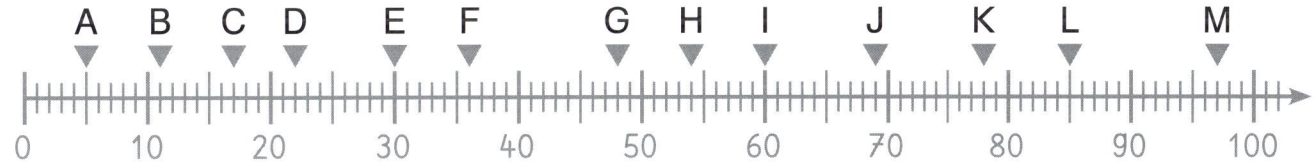

A	B	C	D	E	F	G	H	I	J	K	L	M
5												

3 Zeichne die Zahlen auf dem Zahlenstrahl ein.

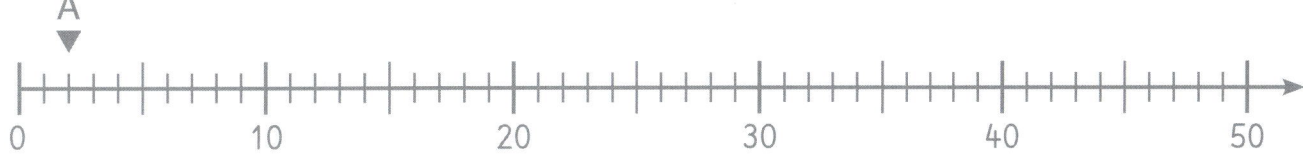

A	B	C	D	E	F	G	H
2	10	17	25	31	38	43	49

Zahlenraum 100: Zahlenstrahl

4. Die Hundertertafel

kleiner als

gleich groß wie

größer als

1 Setze <, > oder = richtig ein.

49 **<** 56

39 ◯ 45   15 ◯ 8

94 ◯ 58   79 ◯ 78   79 ◯ 68

41 ◯ 41   36 ◯ 54   73 ◯ 73

2 Setze <, > oder = richtig ein.

★ 30 + 3 ◯ 32   50 + 7 ◯ 63   16 − 6 ◯ 10   30 − 6 ◯ 10

40 + 8 ◯ 48   60 + 2 ◯ 64   14 − 8 ◯ 5   9 − 9 ◯ 0

3 Schreibe die Zahlen in die Felder.

a) Nenne drei Zahlen, die größer sind als 90:

b) Nenne drei Zahlen, die kleiner sind als 15:

c) Nenne drei Zahlen, die größer sind als 37:

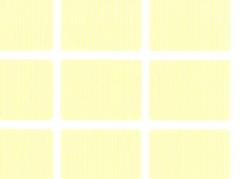
Bleib in Form!

4 Ergänze die Zahlenmauern.
★

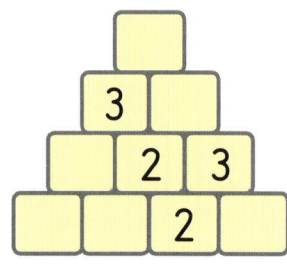
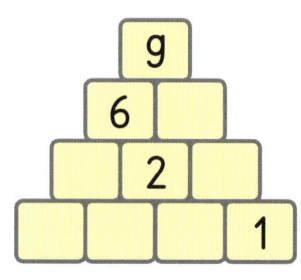
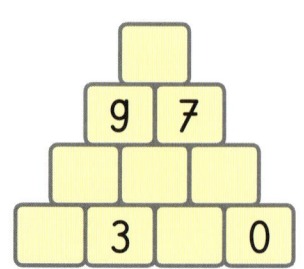

5. Rechnen bis 100

1 Rechne. Was fällt dir auf?

3 + 1 = 4	2 + 3 =	5 + 2 =
30 + 10 = 40	20 + 30 =	50 + 20 =
7 + 2 =	6 + 3 =	8 + 2 =
70 + 20 =	60 + 30 =	80 + 20 =

2 Rechne. Was fällt dir auf?

4 – 3 = 1	7 – 4 =	5 – 2 =
40 – 30 = 10	70 – 40 =	50 – 20 =
8 – 6 =	1 – 1 =	9 – 5 =
80 – 60 =	10 – 10 =	90 – 50 =

3 Rechne und ergänze die fehlenden Rechnungen.

50 – 40 =	30 + 0 =	90 – 20 =
50 – 30 =	30 + 20 =	70 – 20 =
50 – 20 =	30 + 40 =	50 – 20 =
– =	+ =	– =

4 Rechne.

50 + 30 =	60 + 20 =	80 + 10 =
20 + 10 =	10 + 40 =	70 + 20 =
30 + 40 =	20 + 20 =	30 + 50 =

5 Rechne.

100 – 40 =	30 – 20 =	60 – 50 =
90 – 30 =	10 – 10 =	20 – 10 =
70 – 20 =	80 – 50 =	80 – 30 =

Rechnen im Zahlenraum 100: Analogien

5. Rechnen bis 100

1 Rechne.

50 + 7 = ☐   40 + 1 = ☐   20 + 9 = ☐   60 + 2 = ☐

40 + 7 = ☐   30 + 5 = ☐   80 + 2 = ☐   70 + 5 = ☐

60 + 8 = ☐   70 + 4 = ☐   40 + 3 = ☐   80 + 8 = ☐

2 Zerlege die Zahlen in Zehner und Einer.

64 = 60 + 4   21 = ☐   15 = ☐   27 = ☐

37 = 30 +   67 = ☐   92 = ☐   53 = ☐

49 = ☐   82 = ☐   18 = ☐   79 = ☐

3 Rechne.

76 − 6 = 70   29 − ☐ = 20   68 − ☐ = 60

25 − ☐ = 20   14 − ☐ = 10   82 − ☐ = ☐

37 − ☐ = 30   57 − ☐ = 50   53 − ☐ = ☐

4 Ergänze immer auf den nächsten Zehner.

25 + 5 = 30   71 + ☐ = ☐   51 + ☐ = ☐

34 + ☐ = ☐   63 + ☐ = ☐   47 + ☐ = ☐

Bleib in Form!

5 Auf einen Blick: Schreibe die Zahlen.

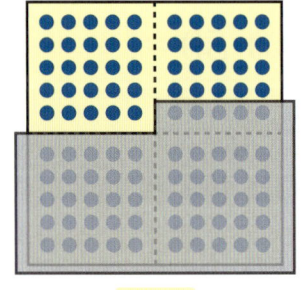 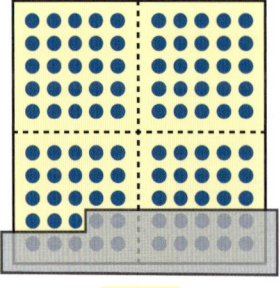 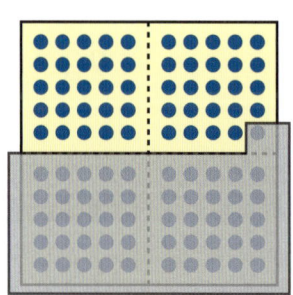 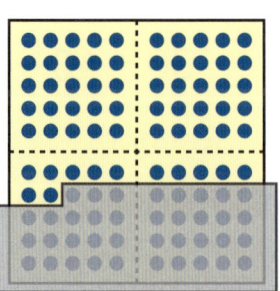

Rechnen im Zahlenraum 100: Zehner und Einer

5. Rechnen bis 100

1 Rechne. Was fällt dir auf?

5 + 2 =	3 + 1 =	6 + 3 =	2 + 4 =	4 + 5 =
15 + 2 =	13 + 1 =	16 + 3 =	12 + 4 =	14 + 5 =
85 + 2 =	73 + 1 =	66 + 3 =	52 + 4 =	44 + 5 =

2 Rechne.

53 + 6 =	47 + 2 =	36 + 3 =	68 + 1 =	66 + 3 =
32 + 1 =	23 + 5 =	81 + 7 =	51 + 8 =	48 + 1 =
18 + 1 =	14 + 3 =	75 + 2 =	37 + 1 =	43 + 2 =

3 Rechne. Was fällt dir auf?

7 – 3 =	3 – 1 =	6 – 2 =	4 – 3 =	6 – 4 =
17 – 3 =	13 – 1 =	16 – 2 =	14 – 3 =	16 – 4 =
67 – 3 =	73 – 1 =	56 – 2 =	44 – 3 =	36 – 4 =

4 Rechne.

58 – 3 =	32 – 1 =	65 – 3 =	86 – 5 =	87 – 6 =
47 – 5 =	99 – 6 =	17 – 4 =	79 – 6 =	63 – 2 =
89 – 7 =	73 – 2 =	24 – 2 =	64 – 2 =	48 – 5 =

5 Rechne.

62 + 6 = 68	17 + 2 =	57 – 3 =	36 – 5 =
54 + 4 =	96 + 1 =	89 – 4 =	74 – 4 =
43 + 6 =	82 + 5 =	26 – 2 =	48 – 1 =

Rechnen im Zahlen Raum 100: Plus- und Minusrechnen ohne Zehnerüberschreitung, Analogien

6. Sachrechnen mit Ronni Ratz

1 Finde heraus, wie viele Schwestern Ronni Ratz hat.

Die größte heißt Susanne, die kleinste ist die Anne. Die Zwillinge in der Mitte heißen Franz und Gitte.

Ronni Ratz hat ☐ Schwestern.

2 Wie alt sind die Freunde von Ronni Ratz?

Lucas ist erst zwei, Adam vier plus drei, Hannes wird bald 10. Willst du Gernots Alter versteh'n, musst du von Adams Alter zwei Jahre weiter geh'n.

	Jahre
Lucas	2
Adam	☐
Hannes	☐
Gernot	☐

3 Lies das Rezept. Auf dem Tisch liegen schon Zutaten. Was muss noch gekauft werden?

Ronnis Müsli

Rezept für 5 Personen

3 Becher Jogurt
2 Äpfel
5 Bananen
2 Birnen
1 Packung Haferflocken

Einkaufsliste:

2 Becher Jogurt
_____
_____
_____
_____

Bleib in Form!

4 Zeichne die Musterzeile fertig.

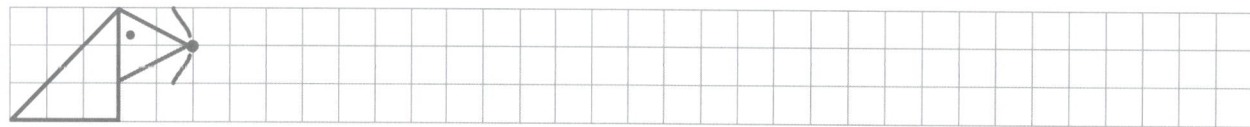

Sachsituationen, Textverständnis

6. Sachrechnen mit Ronni Ratz

1 Beantworte die Fragen. Wenn man eine Aufgabe nicht rechnen kann, oder wenn sie ganz unsinnig ist, zeichne ein ✏ -Symbol zur Aufgabe. Achtung, Ronni Ratz hat bei drei Aufgaben seine Finger im Spiel!

a) Bernadette sammelt Stoffhasen.
   Sie hat sechs große und fünf kleine Hasen.
   Wie viele Hasen hat sie insgesamt?

✏ Diese Aufgaben kann man nicht lösen.

b) Lotte ordnet ihre Malkiste.
   Sie hat 12 Ölkreiden, 9 Filzstifte und 18 Farbstifte.
   Wie viele Bleistifte hat sie?

c) Sebastian hat drei Kaugummis.
   Er schenkt Vera zwei Kaugummis und Bernd vier Kaugummis.
   Wie viele Kaugummis hat Sebastian noch?

d) Daniela kauft sich eine Packung mit 20 Luftballons.
   Sie bläst 7 Ballons auf.
   Wie viele Ballons sind noch nicht aufgeblasen?

> Lies genau bevor du rechnest!

e) Die Schule besitzt 15 Bücher in Blindenschrift.
   Ayse möchte alle lesen. Sieben hat sie schon gelesen.
   Wie viele fehlen noch?

f) In Anitas Klasse sind 19 Kinder.
   Drei von ihnen tragen eine Brille.
   Wie viele Kinder tragen keine Brille?

g) In einer Schachtel sind 40 Hefte.
   Daneben liegen noch sechs Hefte.
   Wie viele Hefte sind das?

h) Heinrich hat 50 Murmeln mit in die Schule genommen.
   Ein paar davon hat er verloren.
   Wie viele Murmeln hat er noch?

i) Jennifer hat bei einem Spiel drei Punkte mehr erreicht als Ivan.
   Er hat 25 Punkte geschafft.
   Wie viele Punkte hat Jennifer erreicht?

Sachsituationen, Textverständnis
1) Die Kinder lösen die Sachaufgaben und markieren die nicht lösbaren Aufgaben mit einem Ronni-Ratz-Symbol.

23

7. Das kann ich schon!

1 Rechne und bilde die Tauschaufgabe.

6 + 11 = 17	7 + 12 =	13 + 6 =	3 + 17 =
11 + 6 = 17			
2 + 15 =	16 + 4 =	5 + 14 =	15 + 3 =

2 Rechne und kontrolliere mit der Umkehraufgabe.

14 – 6 = ____ , weil ____ + ____ = 14

11 – 5 = ____ , weil ____ + ____ = 11

16 – 4 = ____ , weil ____ + ____ = 16

20 – 5 = ____ , weil ____ + ____ = 20

13 – 2 = ____ , weil ____ + ____ = 13

3 Drei Zahlen, vier Aufgaben.

a)
4
6
10

4 + 6 = 1 0
6 + 4 = 1 0
1 0 – 4 = 6
1 0 – 6 = 4

b) 12 4 16

c) 14 8 6

d) 18 10 8

e) 20 5 15

Bleib in form!

4 Nenne die Nachbarzahlen.

10   20   30   40   50

____ 6 ____   ____ 24 ____   ____ 35 ____   ____ 46 ____

1 Verbinde jede Figur mit dem Pentomino-Set, aus dem sie gebaut wurde.

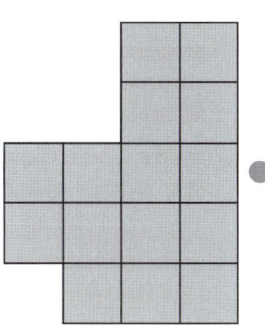
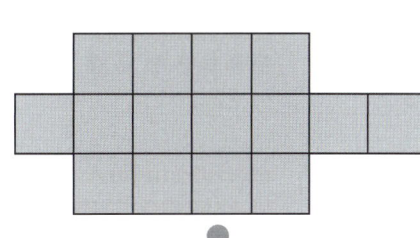
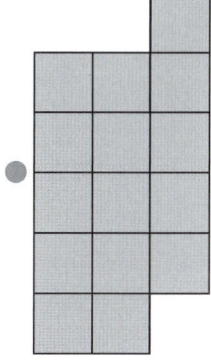

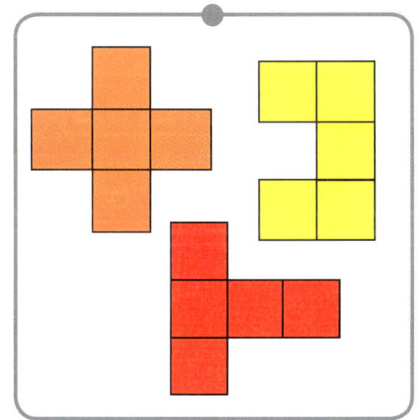
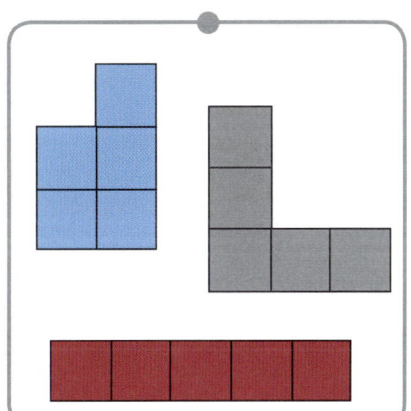
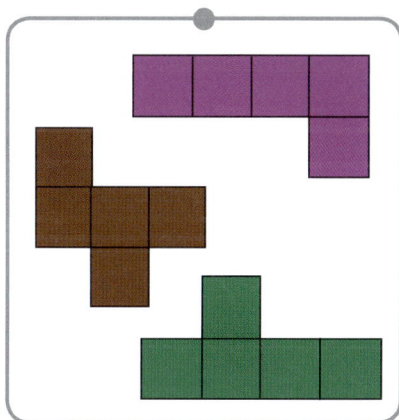

2 Bestimme die Flächen dieser Figuren.

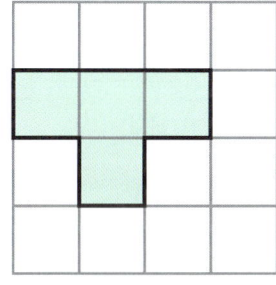
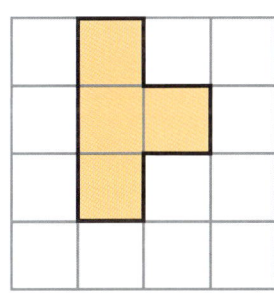
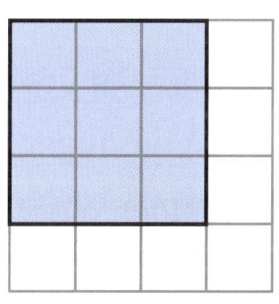

Fläche = 4

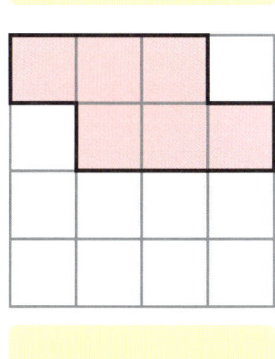
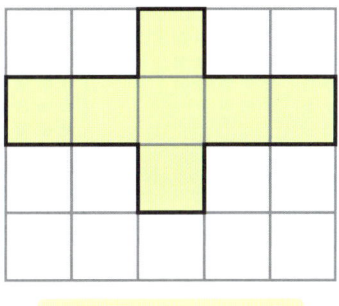
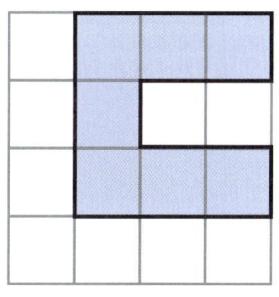

Wiederholung: Raum und Form, Pentominos, Fläche

1 Welche Zahlen sind dargestellt?

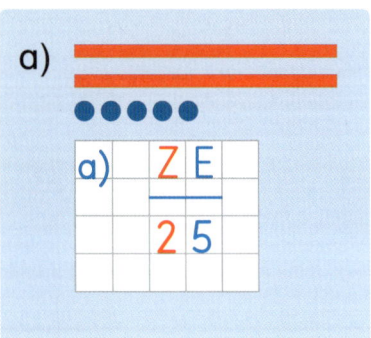

b)

c)

d)

e)

2 Stelle die Zahlen dar.

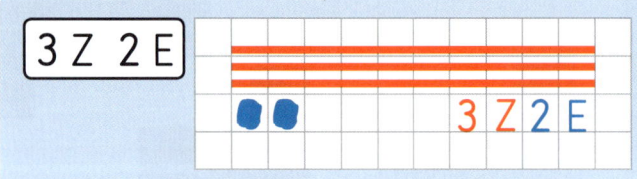

| 5 Z 2 E |
| 2 Z 6 E |

| 4 Z 6 E |
| 5 Z 6 E |

3 Wie heißen die markierten Zahlen?

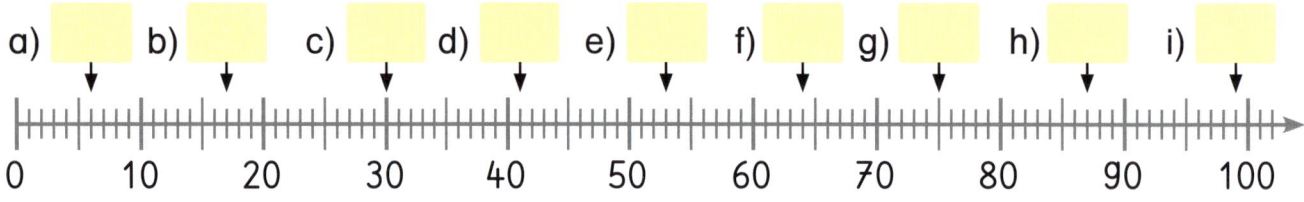

a) b) c) d) e) f) g) h) i)

0 10 20 30 40 50 60 70 80 90 100

4 Finde die gesuchten Zahlen.

a) Vorgänger der Zahl 64:

b) Nachfolger der Zahl 74:

c) Nachfolger der Zahl 89:

d) Vorgänger der Zahl 30:

Bleib in Form!

5 Auf einen Blick: Schreibe die Zahlen.

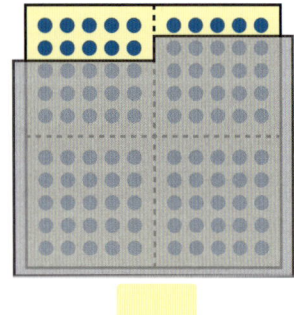
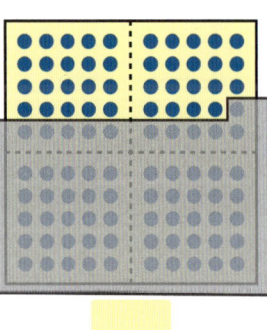
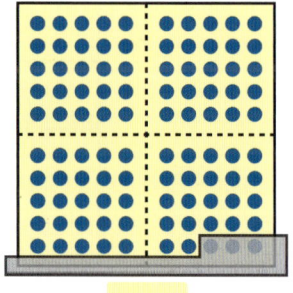
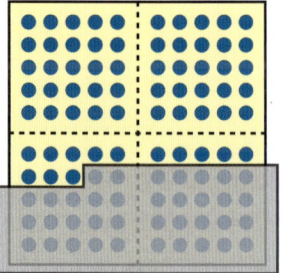

Wiederholung: Zahlenraum 100, Zehner und Einer, Zahlenstrahl, Vorgänger, Nachfolger

7. Das kann ich schon!

1 Rechne.

30 + 20 = 50   10 + 20 =   70 + 20 =
40 + 30 =   20 + 60 =   50 + 40 =
60 + 40 =   0 + 60 =   10 + 40 =

2 Rechne.

60 − 30 = 30   30 − 20 =   50 − 10 =
90 − 40 =   80 − 20 =   70 − 40 =
50 − 20 =   100 − 10 =   60 − 50 =

3 Rechne.

13 + 2 =   5 + 3 =   2 + 4 =   16 + 3 =
23 + 2 =   25 + 3 =   22 + 4 =   26 + 3 =

 9 − 5 =   14 − 3 =   6 − 3 =   17 − 2 =
29 − 5 =   24 − 3 =   26 − 3 =   27 − 2 =

4 Rechne.

24 + 5 =   14 + 0 =   28 + 2 =   17 + 2 =
11 + 7 =   18 + 2 =   16 + 3 =   22 + 2 =
25 + 3 =   23 + 2 =   18 + 1 =   17 + 3 =

5 Rechne.

18 − 7 =   29 − 8 =   37 − 6 =   26 − 2 =
33 − 2 =   15 − 4 =   23 − 1 =   22 − 2 =
27 − 4 =   19 − 2 =   35 − 4 =   27 − 5 =

Wiederholung: Rechnen im Zahlenraum 100

7. Das kann ich schon!

1 Lies die Sachaufgaben und rechne im Heft.

a) Ein Bauer hat 20 braune und 6 gefleckte Kühe.
Wie viele Kühe hat der Bauer?

b) Am Kronerhof stehen 58 Obstbäume. Es gibt sechs Birnenbäume,
alle anderen sind Apfelbäume. Wie viele Apfelbäume gibt es?

c) Auf dem Reiterhof leben 7 Ponys und doppelt so viele Pferde.
Wie viele Pferde leben auf dem Reiterhof?

d) Im Stall stehen 6 Ziegen, auf der Weide sind 32 Ziegen.
Wie viele Ziegen leben auf dem Bauernhof?

2 Lies die Sachaufgaben und rechne im Heft.

a) Susi pflückt Blumen. Sie pflückt erst drei rote, dann noch
zwei blaue Blumen. Wie viele Blumen hat Susi jetzt?

b) Auf ihrem Weg trifft sie Gerda. Gerda ist um drei Jahre
älter als Susi. Susi ist erst fünf Jahre alt.
Wie alt ist Susi? Wie alt ist Gerda?

c) Susi schenkt Gerda eine von ihren roten Blumen.
Wie viele Blumen hat Susi jetzt noch?

Bleib in Form!

3 Ergänze die Zahlenbänder.

| 36 | 37 | 38 | | | | | | | |

| | 87 | | | | 92 | | | 96 | |

8. Rechenwege

1 Ergänze die Zahlenbilder und rechne.

Ich rechne Einer und Zehner getrennt.

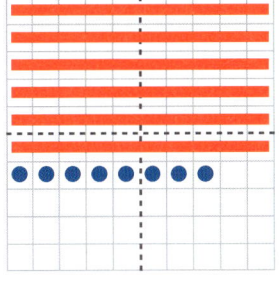
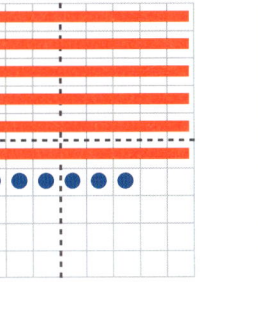
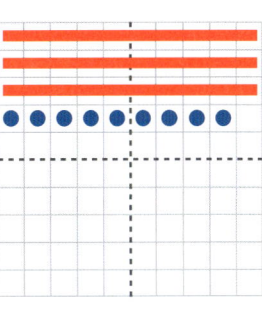

68 + 3 = ☐   39 + 6 = ☐   76 + 8 = ☐

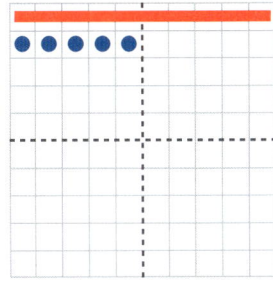
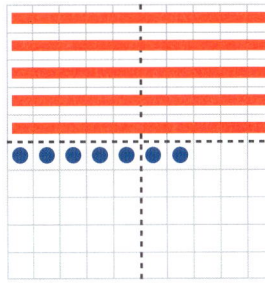
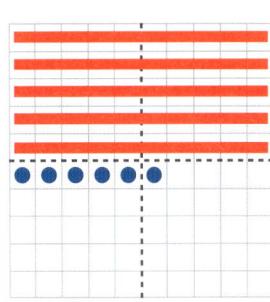
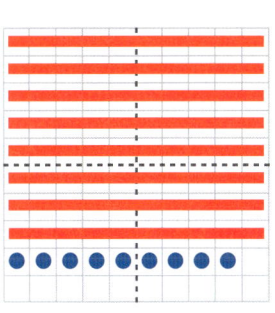

15 + 7 = ☐   57 + 4 = ☐   56 + 5 = ☐   89 + 4 = ☐

2 Rechne wie Aron.

56 + 5

| 6 + | 5 = 11 |
| 50 + | 11 = 61 |

38 + 7   37 + 4   68 + 3

78 + 6   75 + 9   25 + 7

45 + 8   48 + 7   84 + 8

3 Rechne.

7 + 7 = ☐   8 + 8 = ☐   7 + 8 = ☐   4 + 9 = ☐

47 + 7 = ☐   68 + 8 = ☐   57 + 8 = ☐   34 + 9 = ☐

4 Rechne.

74 + 7 = ☐   39 + 3 = ☐   47 + 4 = ☐   83 + 8 = ☐

52 + 9 = ☐   64 + 9 = ☐   76 + 6 = ☐   28 + 6 = ☐

8. Rechenwege

1 Nora rechnet anders. Beschreibe, wie sie die Aufgabe löst.

$38 + 6 = \boxed{}$

Ich rechne zuerst …

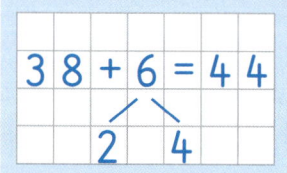

$3\,8 + 6 = 4\,4$

+6

38 +2 40 +4 44

2 Rechne.

$18 + 2 = \boxed{20}$	$37 + 3 = \boxed{}$	$65 + 5 = \boxed{}$	$36 + 4 = \boxed{}$
$18 + 3 = \boxed{}$	$37 + 6 = \boxed{}$	$65 + 7 = \boxed{}$	$36 + 6 = \boxed{}$
$87 + 3 = \boxed{}$	$54 + 6 = \boxed{}$	$76 + 4 = \boxed{}$	$48 + 2 = \boxed{}$
$87 + 6 = \boxed{}$	$54 + 9 = \boxed{}$	$76 + 8 = \boxed{}$	$48 + 7 = \boxed{}$

3 Rechne.

$26 + 6 = \boxed{32}$	$39 + 3 = \boxed{}$	$18 + 5 = \boxed{}$	$45 + 6 = \boxed{}$
$67 + 3 = \boxed{}$	$68 + 7 = \boxed{}$	$44 + 7 = \boxed{}$	$35 + 8 = \boxed{}$
$84 + 9 = \boxed{}$	$75 + 9 = \boxed{}$	$87 + 2 = \boxed{}$	$28 + 5 = \boxed{}$

Lösungen: | 23 | 32 | 33 | 42 | 43 | 51 | 51 | 70 | 75 | 84 | 89 | 93 |

Bleib in Form!

4 Ergänze auf den nächsten Zehner.

$34 + \boxed{6} = \boxed{40}$ $84 + \boxed{} = \boxed{}$ $62 + \boxed{} = \boxed{}$

$57 + \boxed{} = \boxed{}$ $26 + \boxed{} = \boxed{}$ $33 + \boxed{} = \boxed{}$

$16 + \boxed{} = \boxed{}$ $51 + \boxed{} = \boxed{}$ $27 + \boxed{} = \boxed{}$

Zehnerübergang im Zahlenraum 100: Rechenwege

8. Rechenwege

1 Streiche die richtige Anzahl der Einerplättchen weg und rechne.

Ich tausche eine Zehnerstange gegen zehn Einerplättchen.

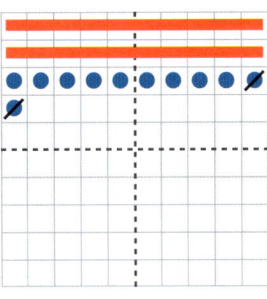

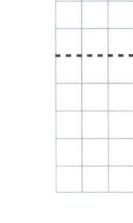

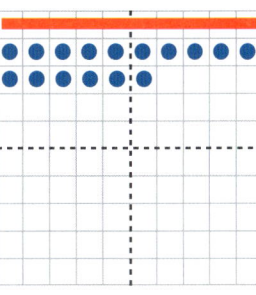

31 − 2 = 29   24 − 8 =   26 − 7 =

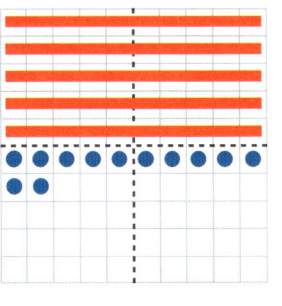

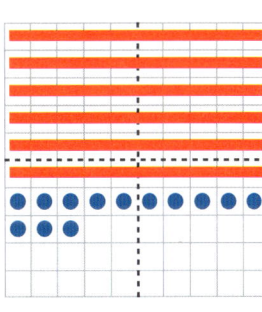

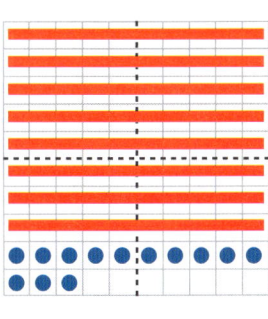

62 − 4 =   54 − 9 =   73 − 6 =   93 − 4 =

2 Rechne.

20 − 2 =	30 − 3 =	70 − 2 =	40 − 1 =
20 − 4 =	30 − 6 =	70 − 5 =	40 − 8 =
20 − 5 =	30 − 1 =	70 − 3 =	40 − 4 =

3 Rechne.

42 − 2 =	35 − 5 =	73 − 3 =	64 − 4 =
42 − 4 =	35 − 6 =	73 − 6 =	64 − 6 =
61 − 1 =	93 − 3 =	44 − 4 =	26 − 6 =
61 − 5 =	93 − 5 =	44 − 8 =	26 − 9 =

Zehnerübergang im Zahlenraum 100: Rechenwege

8. Rechenwege

1 Beschreibe, wie Nora die Aufgabe löst.

43 – 7 = ☐

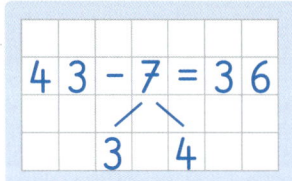

4 3 – 7 = 3 6

3   4

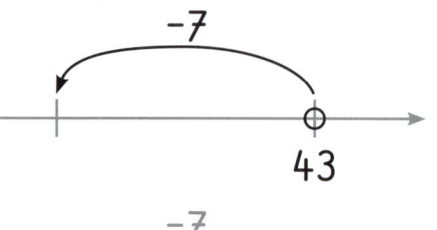

–7

43

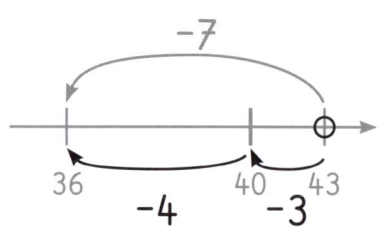

–7

36   40   43

–4   –3

2 Rechne.

32 – 3 =	53 – 4 =	92 – 5 =	43 – 6 =
45 – 7 =	73 – 6 =	51 – 6 =	32 – 6 =
18 – 9 =	35 – 2 =	56 – 0 =	55 – 7 =
87 – 9 =	54 – 7 =	78 – 9 =	85 – 9 =

Lösungen: 9 26 29 33 37 38 45 47 48 49 56 67 69 76 78 87

3 Rechne.

43 – 4 =	91 – 5 =	51 – 2 =	34 – 5 =
84 – 8 =	52 – 3 =	72 – 6 =	44 – 7 =
55 – 6 =	57 – 8 =	34 – 5 =	19 – 9 =
37 – 8 =	77 – 9 =	53 – 7 =	86 – 8 =

Lösungen: 10 29 29 29 37 39 46 49 49 49 49 66 68 76 78 86

Bleib in Form!

4 Wie groß ist die Fläche der Figuren? Welche Figur hat die größte Fläche?

a)   b)   c)   d)   e)

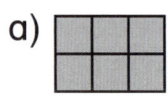
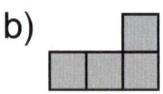
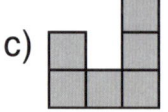
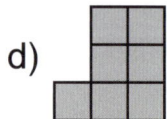
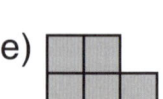

Zehnerübergang im Zahlenraum 100: Rechenwege

8. Rechenwege

1 Petra ist Tierpflegerin im Zoo. Hilf ihr beim Rechnen.

a) Im Zoo gibt es 65 Pinguine. Sie haben ein Haus und ein Schwimmbecken im Freien. Petra zählt 7 Pinguine, die gerade draußen schwimmen. Alle anderen sind im Haus. Wie viele Pinguine sind im Haus?

b) Im Teich des Tierparks schwimmen 38 Enten und 9 Schwäne. Wie viele Vögel sind das?

c) Der Zoo hatte 23 Flamingos. Vier Flamingos wurden an einen anderen Zoo verkauft. Wie viele Flamingos hat der Zoo jetzt noch?

d) Die Hasen haben schon wieder Nachwuchs bekommen. Heute Morgen hat Petra acht neue, kleine Häschen gefunden. Zuvor lebten schon 85 Hasen im Gehege. Wie viele sind es jetzt?

e) Im Tierpark leben 42 Ziegen. Die Männchen nennt man Böcke, die Weibchen nennt man Geißen. Petra zählt alle Böcke. Es sind 6. Wie viele Geißen gibt es?

f) Petra geht zum Gehege der 20 Wildpferde. Sie muss die erwachsenen Tiere impfen. Die 6 Fohlen werden nicht geimpft. Wie viele Pferde muss Petra impfen?

g) Petra ist 34 Jahre alt. Sie arbeitet schon 7 Jahre im Zoo. Wie alt war Petra, als sie im Zoo angestellt wurde?

2 Finde Rechnungen, die immer 30 oder 60 ergeben.

25+5   30

51+9   60

Plus- und Minusrechnen mit Zehnerübergang, Sachsituationen

9. Malrechnen

1 Finde zu jedem Bild eine Malrechnung.

2 mal 5
2 · 5

Malpunkt

a)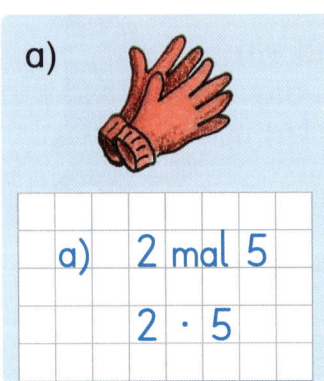

a)   2 mal 5
     2 · 5

b)

c)

d)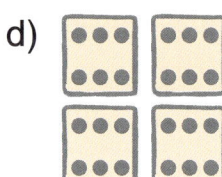

2 Finde Malrechnungen zu diesen Würfelbildern.

a)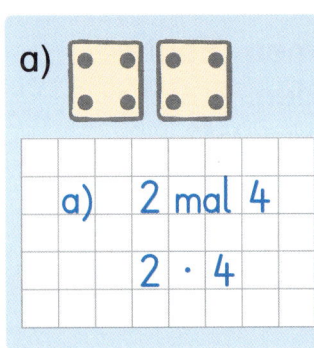

a)   2 mal 4
     2 · 4

b)   c)   d)

3 Lege, zeichne und schreibe die Rechnung.

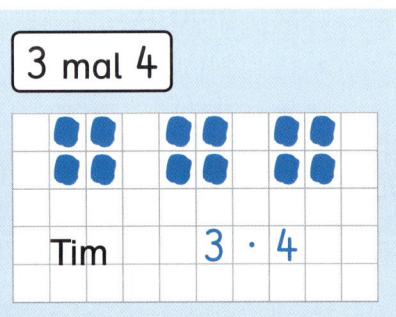

3 mal 4

Tim   3 · 4

| 3 mal 2 | 4 mal 3 | 2 mal 6 |
| 2 mal 5 | 3 mal 5 | 5 mal 4 |

Bleib in Form!

4 Ordne die Geldscheine vom kleinsten bis zum größten.

1.

Malrechnen: Mengen vervielfachen, Malnehmen

34

9. Malrechnen

1 Schreibe immer zwei Malrechnungen.

a)

a)	5 · 3
	3 · 5

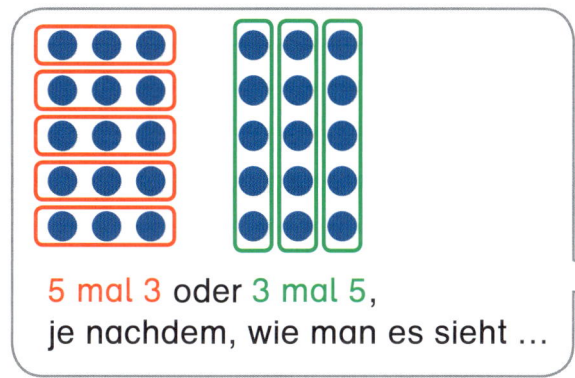

5 mal 3 oder 3 mal 5,
je nachdem, wie man es sieht ...

Tauschaufgabe

b) ●●●
●●●

c) ●●●●●
●●●●●

d) ●●●●
●●●●
●●●●

2 Wie viele Punkte?
Schreibe zu jedem Bild eine Plus- und eine Malrechnung.

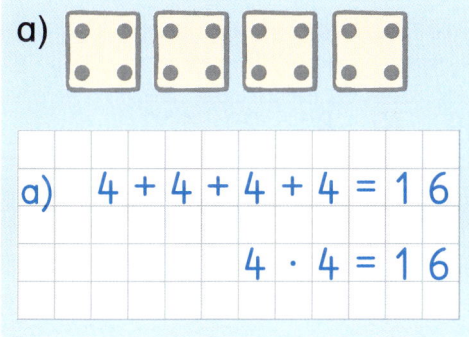

a)	4 + 4 + 4 + 4 = 1 6
	4 · 4 = 1 6

3 Wie viel Euro sind das? Finde zu jedem Bild eine Plusrechung
und eine Malrechnung.

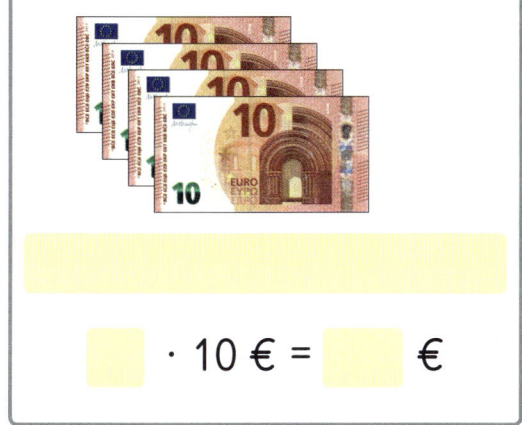

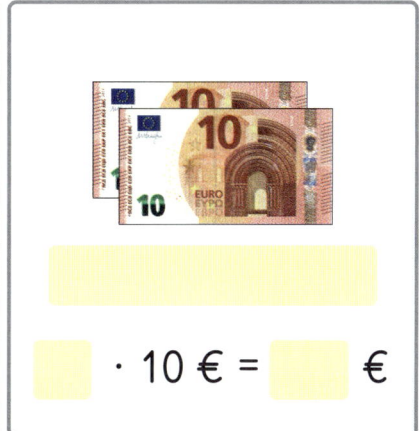

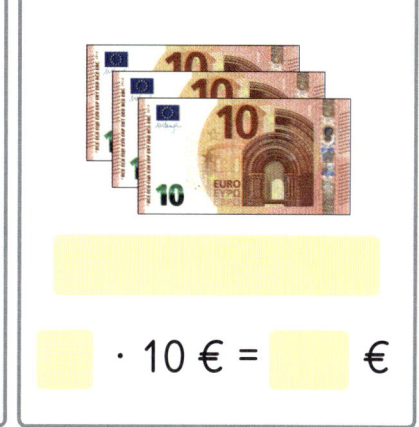

☐ · 10 € = ☐ €   ☐ · 10 € = ☐ €   ☐ · 10 € = ☐ €

Malrechnen: grafische Anordnungen, Tauschaufgaben, Zusammenhang Addition und Multiplikation

9. Malrechnen

1   Ergänze die 10er-Reihe und stelle sie mit unterschiedlichen Farben dar.

1 · 10 = `10`

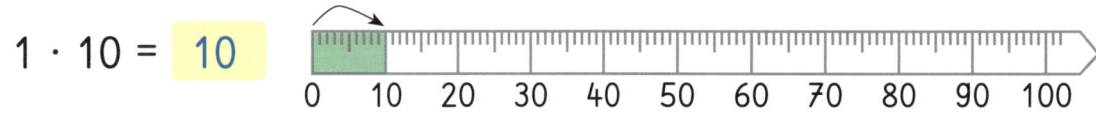

2 · 10 =

3 · 10 =

4 · 10 =

5 · 10 =

6 · 10 =

7 · 10 =

8 · 10 =

9 · 10 =

10 · 10 =

Bleib in Form!

2   Setze <, > oder = richtig ein.

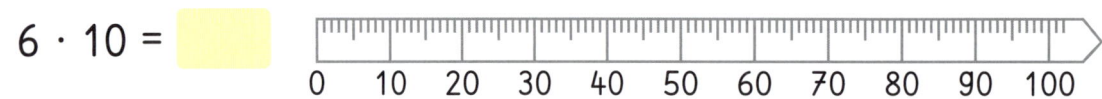

43 ◯ 14   16 ◯ 61   30 + 6 ◯ 36   69 − 8 ◯ 63

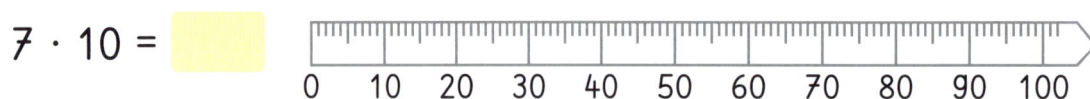

Malrechnen: 10er-Reihe

9. Malrechnen

1 Rechne die 5er-Stapel zusammen.

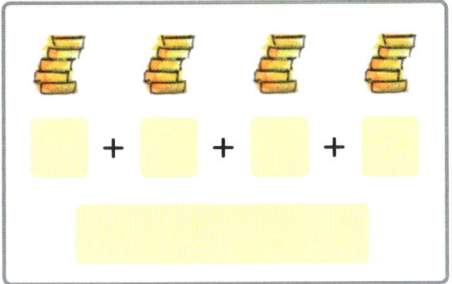

⬜ + ⬜ + ⬜ + ⬜

⬜

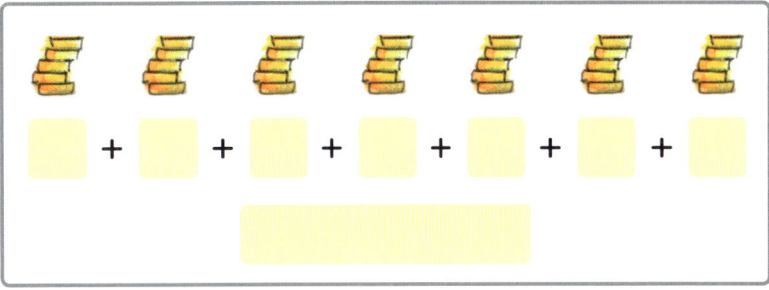

⬜ + ⬜ + ⬜ + ⬜ + ⬜ + ⬜ + ⬜

⬜

2 Wie viele Euro sind das?

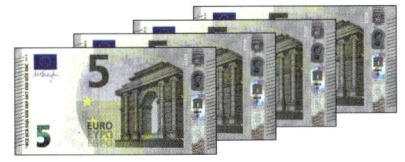

$4 \cdot 5\,€ =$

⬜

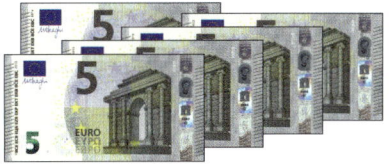

⬜

⬜

⬜

⬜

3 Hilf beim Zählen der Gummibären. Bilde 5er-Gruppen und schreibe die passende Malrechnung.

a) rote Bärchen

⬜ $\cdot$ 5 = ⬜

b) grüne Bärchen

⬜ $\cdot$ 5 = ⬜

c) blaue Bärchen

⬜ $\cdot$ 5 = ⬜

Malrechnen: 5er-Reihe

9. Malrechnen

1 Schreibe die Zahlen der 5er-Reihe.

| 5 | 10 | | | | | | | | |

2 Schreibe die Zahlen der 5er-Reihe rückwärts.

| 50 | | | | | | | | |

3 Schreibe die Zahlen der 10er-Reihe rückwärts.

| 100 | 90 | | | | | | | | |

4 Schreibe die Zahlen der 10er-Reihe.

| 10 | | | | | | | | | |

5 Finde Fragen, rechne und schreibe die Antworten ins Heft.

a) Fridolin arbeitet im Zoo. Dort leben sieben Menschenaffen. Fridolin möchte jedem von ihnen fünf Bananen geben.

a) F: Wie viele Bananen braucht Fridolin?
R: $7 \cdot 5 = 35$
A: Er braucht 35 Bananen.

b) Fridolin schmückt acht Pferde für einen Festumzug. Er bindet jedem Pferd zehn bunte Bänder in die Mähne.

c) Für 10 € darf man auf einem Kamel reiten und bekommt ein Foto. Sigrid, Ulla, Bernd und Tom dürfen auf dem Kamel reiten.

6 Denke dir selbst drei Sachaufgaben zum Malrechnen aus. Schreibe diese in dein Heft.

Bleib in Form!

7 Setze die Muster im Heft fort.

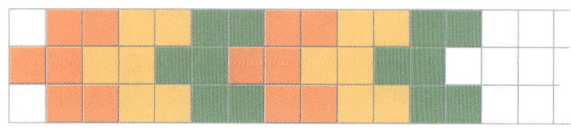

Malrechnen, 5er- und 10er-Reihe, Sachrechnen

10. Das Doppelte

1 Wie oft findest du jedes Würfelbild?

a) Ergänze die Tabelle.

⭐ b) Wie viele Punkte wurden insgesamt gewürfelt?

wie oft	Würfel	Rechnung
0 mal	⚀	0 · 1 = 0
	⚁	
	⚁	
	⚃	
	⚃	
	⚅	

2 Wie oft findest du jedes Würfelbild?

a) Ergänze die Tabelle.

⭐ b) Wie viele Punkte wurden insgesamt gewürfelt?

wie oft	Würfel	Rechnung
	⚀	
	⚁	
	⚁	
	⚃	
	⚃	
	⚅	

3 Malrechnen mit 0 und mit 1. Was fällt dir auf?

$0 · 3 = $ ☐ $1 · 8 = $ ☐ $1 · 10 = $ ☐ $0 · 15 = $ ☐

$1 · 5 = $ ☐ $0 · 7 = $ ☐ $1 · 6 = $ ☐ $1 · 20 = $ ☐

Malrechnen: 0 mal, 1 mal

10. Das Doppelte

1 Welche Rechnungen haben das gleiche Ergebnis? Verbinde sie.

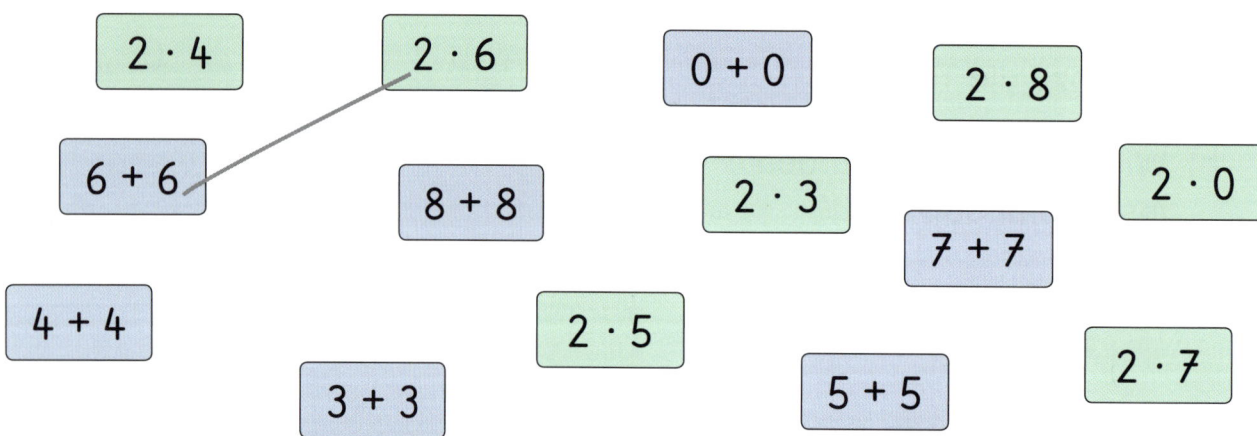

2 · 4   2 · 6   0 + 0   2 · 8

6 + 6   8 + 8   2 · 3   2 · 0

4 + 4   7 + 7

3 + 3   2 · 5   5 + 5   2 · 7

2 Finde Malrechnungen und löse sie.

4 + 4	2 + 2	3 + 3	6 + 6	8 + 8
4 + 4 = 8				
2 · 4 = 8				

3 Zeichne die Spiegelbilder und rechne.

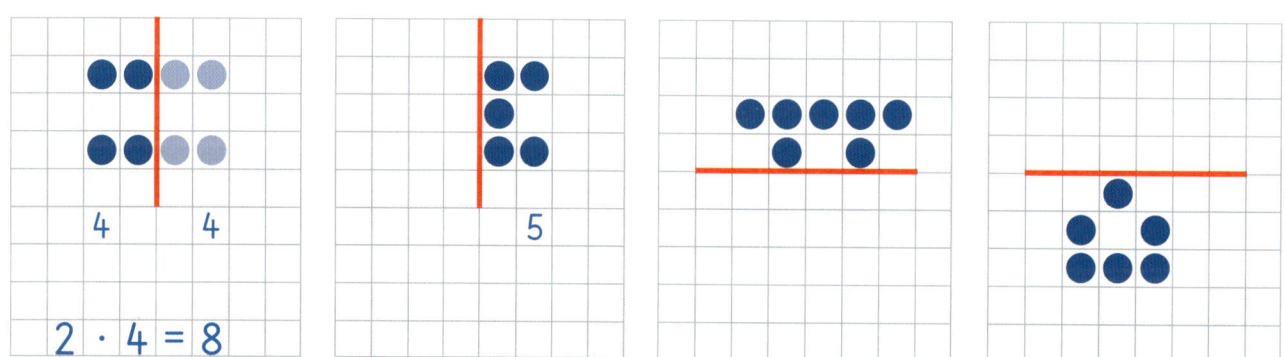

4   4

2 · 4 = 8

5

Bleib in Form!

4 Rechne.

8 + 5 = ☐   9 + 6 = ☐   4 + 7 = ☐   8 + 8 = ☐

28 + 5 = ☐   69 + 6 = ☐   14 + 7 = ☐   78 + 8 = ☐

Malrechnen: das Doppelte, Zusammenhang Addition und Multiplikation

10. Das Doppelte

1   Bemale die Punkte und ergänze die Aufgaben der 2er-Reihe.

$1 \cdot 2 = 2$

$2 \cdot 2 =$

$3 \cdot$

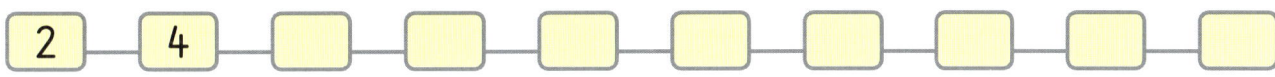

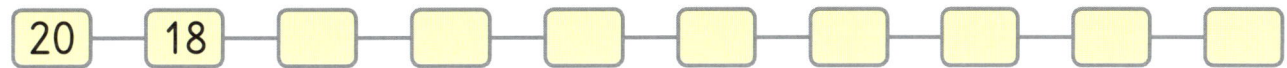

2   Schreibe die Zahlen der 2er-Reihe.

2	4								

3   Schreibe die Zahlen der 2er-Reihe rückwärts.

20	18								

4   ⭐   Auf welchem Weg bekommst du das meiste Geld?

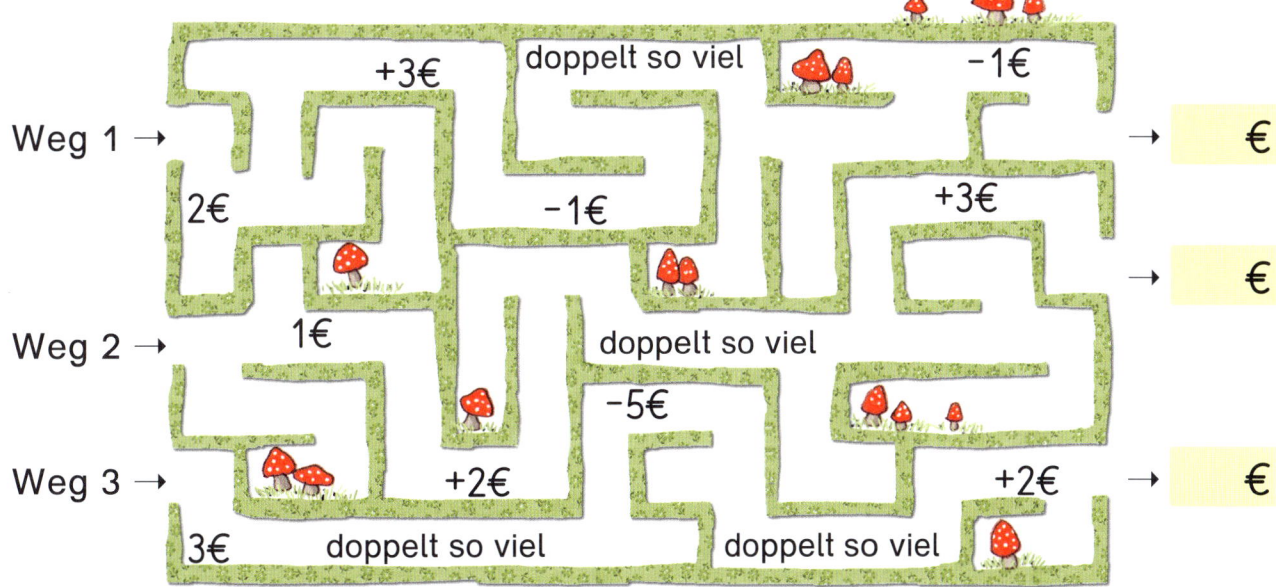

Malrechnen: 2er-Reihe
4) Die Kinder probieren mehrere Wege aus und befolgen die Rechenanweisungen auf dem Weg.

11. Die Hälfte

1 Teile durch zwei. Wenn eine Münze übrig bleibt, ist die Zahl ungerade.

5 geteilt durch 2

bleibt:

5 ist ungerade

8 geteilt durch 2

bleibt:

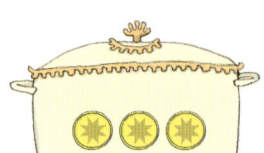
3 geteilt durch 2

bleibt:

2 Male alle Felder mit geraden Zahlen an.

1	2	3	4	5	6	7	8	9	10
11	12	13	14	15	16	17	18	19	20
21	22	23	24	25	26	27	28	29	30
31	32	33	34	35	36	37	38	39	40
41	42	43	44	45	46	47	48	49	50
51	52	53	54	55	56	57	58	59	60
61	62	63	64	65	66	67	68	69	70
71	72	73	74	75	76	77	78	79	80
81	82	83	84	85	86	87	88	89	90
91	92	93	94	95	96	97	98	99	100

3 Male alle Felder mit ungeraden Zahlen an.

1	2	3	4	5	6	7	8	9	10
11	12	13	14	15	16	17	18	19	20
21	22	23	24	25	26	27	28	29	30
31	32	33	34	35	36	37	38	39	40
41	42	43	44	45	46	47	48	49	50
51	52	53	54	55	56	57	58	59	60
61	62	63	64	65	66	67	68	69	70
71	72	73	74	75	76	77	78	79	80
81	82	83	84	85	86	87	88	89	90
91	92	93	94	95	96	97	98	99	100

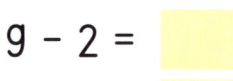

Bleib in Form!

4 Rechne.

$9 - 2 =$ $8 - 4 =$ $6 - 5 =$ $7 - 3 =$

$19 - 2 =$ $38 - 4 =$ $86 - 5 =$ $77 - 3 =$

11. Die Hälfte

Für geteilt durch zwei schreiben wir : 2.

1 Schreibe die Rechnungen.

Umkehraufgabe

acht geteilt durch zwei

8 : 2 = 4

zehn geteilt durch zwei

sechs geteilt durch zwei

zwanzig geteilt durch zwei

vier geteilt durch zwei

zwölf geteilt durch zwei

2 Zeichne die Spiegelbilder.
Schreibe zu jedem Bild eine Malrechnung und die Umkehraufgabe.

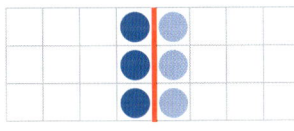

2 · 3 = 6

6 : 2 = 3

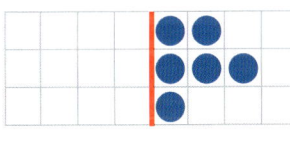

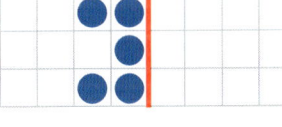

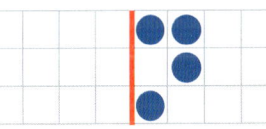

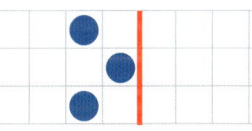

3 Rechne.

a)
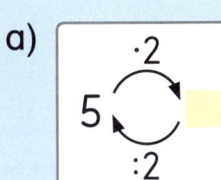
5 ·2 :2

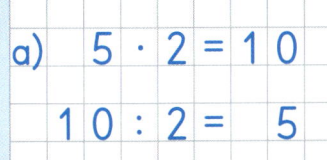
a) 5 · 2 = 10
    10 : 2 = 5

b)
7 ·2 :2

c)
8 ·2 :2

d)
·2 12 :2

e)
·2 6 :2

f)
9 ·2 :2

g)
4 ·2 :2

11. Die Hälfte

1 Drei Zahlen, vier Aufgaben.

a)

| 2 |
| 5 |
| 10 |

$2 \cdot 5 = 10$
$5 \cdot 2 = 10$
$10 : 5 = 2$
$10 : 2 = 5$

b) 5 10 50

c) 2 10 20

d) 8 5 40

e) 3 5 15

2 Lies die Sachaufgaben und rechne im Heft.

a) Verena und Jelena haben von ihrer Tante gemeinsam zehn Haarspangen bekommen.
Wie viele Haarspangen bekommt jede von ihnen, wenn sie gerecht teilen?

b) Paul und Emma haben gemeinsam eine Kiste mit 16 Spielzeugautos bekommen.
Wie viele Autos bekommt jeder, wenn sie gerecht teilen?

c) Meryem hat 20 € gespart.
Für das Videospiel, das sie kaufen möchte, braucht sie aber doppelt so viel Geld.
Wie viel kostet das Videospiel?

d) Anne und Ipek stellen ihre Rollstühle für ein Wettrennen zur Verfügung. In der Klasse sind 18 Kinder. Jedes Kind möchte teilnehmen. Wie viele Paare treten zum Rennen an?

Bleib in Form!

3 Rechne und bilde die Umkehraufgabe.

$2 \cdot 1 = $ ☐ $2 \cdot 4 = $ ☐ $2 \cdot 9 = $ ☐ $2 \cdot 3 = $ ☐

$1 \cdot 2 = $ ☐   ☐ $\cdot 2 = $ ☐   ☐ $\cdot$ ☐ $= $ ☐   ☐ $\cdot$ ☐ $= $ ☐

Verteilen und Malrechnen: Tausch- und Umkehraufgaben

12. Geometrische Rätsel

1 Spanne die Figuren nach. Was könnten sie darstellen?
Finde Titel für die Bilder.

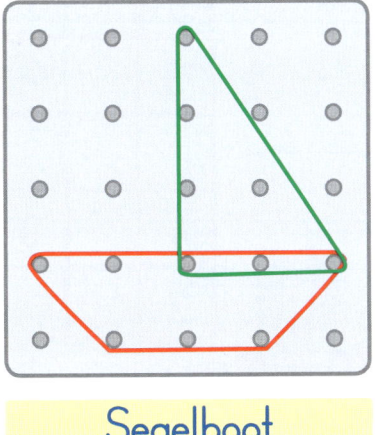

Segelboot

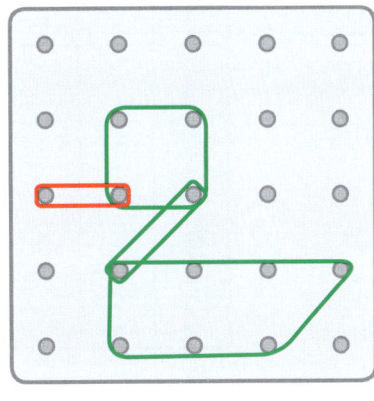

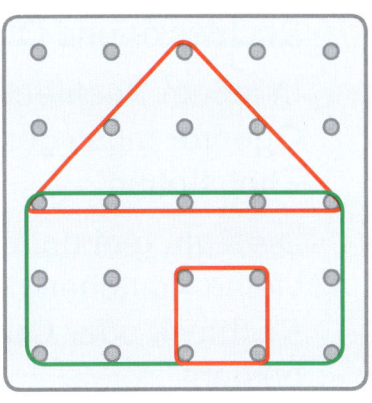

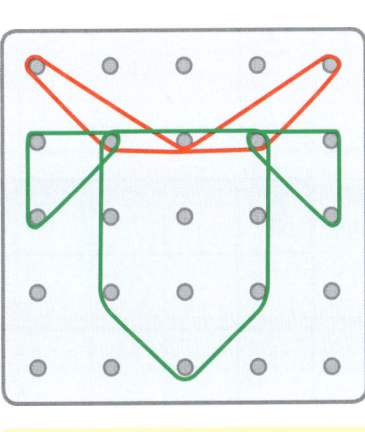

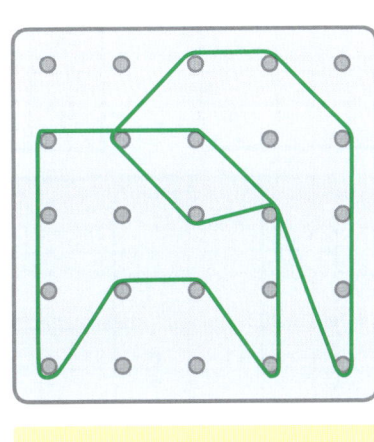

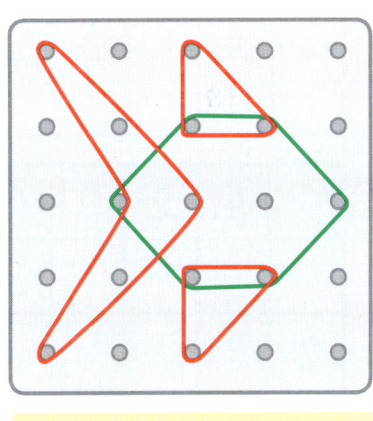

2 Erfinde selbst Figuren am Geobrett und gib ihnen Namen.
Zeichne sie dann ins Heft.

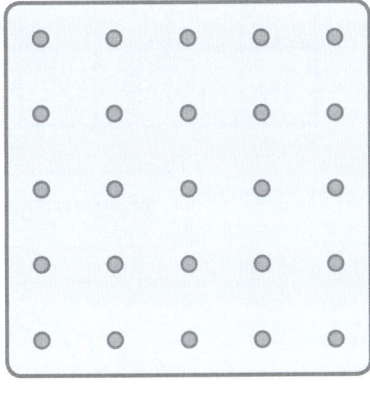

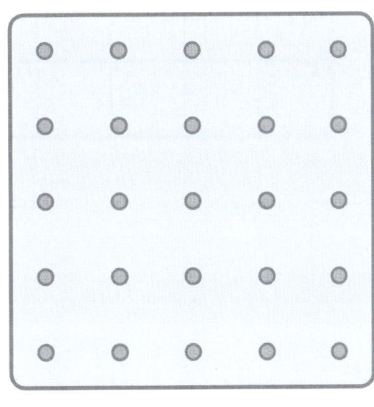

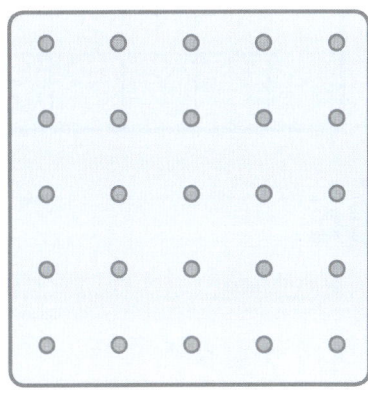

Raum und Form: geometrische Figuren, Geobrett
1) 2) Die Kinder verwenden Geobrett und Gummibänder.

12. Geometrische Rätsel

1 Sikaku

- Zerlege die große Figur in Rechtecke und Quadrate.
- In jedem Rechteck und Quadrat muss genau eine Zahl stehen.
- Die Zahl gibt an, aus wie vielen Kästchen das Rechteck oder Quadrat besteht.

1		2
3		
4		3
2		

→

1		2
3		
4		3
2		

3						
	2		6	9		
	1					3

				3				
4			1	2			9	
4					1			

	4	2		
		4		3
2				
1	5		3	
4			6	
		4		
				2

		10		
		5		
	3			2
	4		4	
				2
10				

9				2
			4	
5				
4				3
			2	
		9		2

Bleib in Form!

2 Rechne.

$4 \cdot 2 = \boxed{}$ $3 \cdot 2 = \boxed{}$ $6 \cdot 2 = \boxed{}$ $7 \cdot 2 = \boxed{}$

$9 \cdot 2 = \boxed{}$ $5 \cdot 2 = \boxed{}$ $8 \cdot 2 = \boxed{}$ $1 \cdot 2 = \boxed{}$

Raum und Form: Sikaku

12. Geometrische Rätsel

1 Löse die Sikakus.

Gitter 1 (4×4):

	2	2	
2			6
	4		

Gitter 2 (4×4):

	8		2
		3	
			3

Gitter 3 (4×4):

		3		2
	1	4		
				2
	2		2	

Gitter 4 (6×6):

	9				
			2	6	
			3		
4					
		3			4
	2		1	2	

Gitter 5 (mittig, 3 Spalten, hoch):

	2	
5		
		4
	2	
	3	
	4	
		1
	9	
		2
	4	

Gitter 6 (6×6, rechts oben):

			8		
4					
	4			1	3
		10			
	4				2

Gitter 7 (6×3, links):

	2				
	4				
3				9	

Gitter 8 (rechts mittig):

	1				4
2		6		4	
1					

Gitter 9 (links unten):

	8			6	
3			1		

Gitter 10 (rechts unten):

			4		
2	1			6	
2					3

Gitter 11 (ganz unten, breit):

	2			1		4					
4			9				4		12		2
	3			6							1

13. Einzahlen und abheben

1 Rechne.

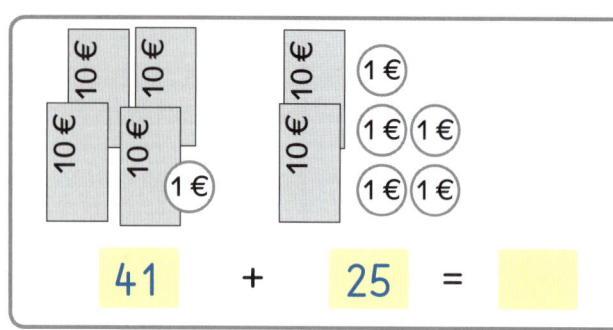

41 + 25 =

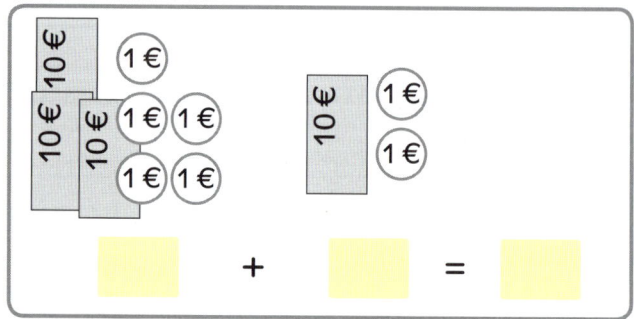

☐ + ☐ = ☐

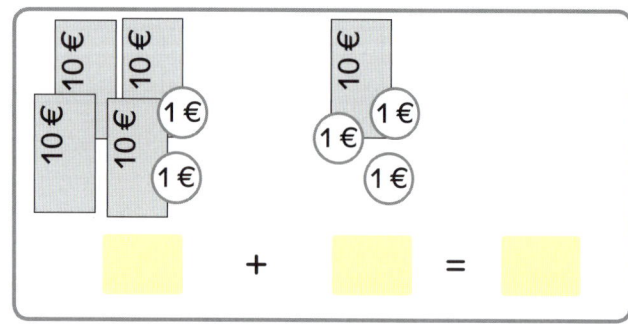

☐ + ☐ = ☐

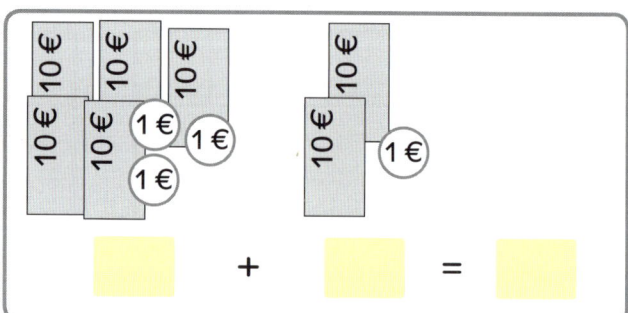

☐ + ☐ = ☐

2 Rechne.

60 + 20 =	30 + 30 =	10 + 70 =	20 + 50 =
3 + 4 =	7 + 2 =	4 + 2 =	1 + 7 =
63 + 24 =	37 + 32 =	14 + 72 =	21 + 57 =

20 + 10 =	30 + 40 =	20 + 70 =	50 + 20 =
4 + 5 =	6 + 1 =	2 + 1 =	3 + 6 =
24 + 15 =	36 + 41 =	22 + 71 =	53 + 26 =

Bleib in Form!

3 Rechne.

2 · 5 =   9 · 5 =   6 · 5 =   8 · 5 =

4 · 5 =   7 · 5 =   1 · 5 =   3 · 5 =

Größen: Euro, Plusrechnen mit Geld

13. Einzahlen und abheben

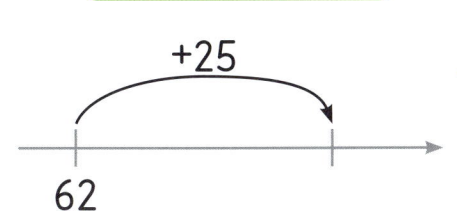

$62 + 25 =$ ◻

+25

62

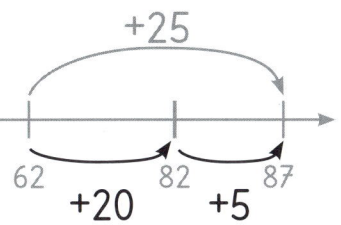

Ich rechne anders. Zuerst die Zehner dazu, dann die Einer.

+25

62   82   87
  +20   +5

1 Rechne.

34 + 10 =	56 + 30 =	42 + 50 =	18 + 20 =
21 + 40 =	63 + 30 =	19 + 30 =	52 + 40 =
84 + 10 =	30 + 60 =	47 + 20 =	38 + 30 =

2 Rechne.

35 + 30 =	15 + 60 =	54 + 10 =	41 + 30 =
35 + 34 =	15 + 62 =	54 + 15 =	41 + 37 =
66 + 20 =	23 + 40 =	75 + 20 =	86 + 10 =
66 + 23 =	23 + 44 =	75 + 23 =	86 + 13 =

3 Rechne und kontrolliere selbst die Ergebnisse.

34 + 21 =	58 + 21 =	12 + 64 =	64 + 13 =
47 + 32 =	41 + 35 =	26 + 32 =	37 + 12 =
25 + 43 =	63 + 23 =	62 + 36 =	43 + 35 =
13 + 51 =	74 + 15 =	32 + 25 =	12 + 41 =

Lösungen: 49 53 55 57 58 64 68 76 76 77 78 79 79 86 89 98

Plusrechnen im Zahlenraum 100: Rechenwege

13. Einzahlen und abheben

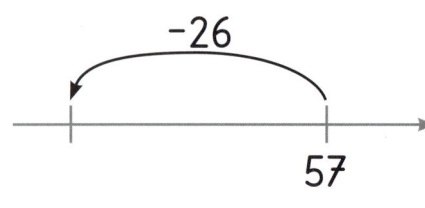

$57 - 26 = \boxed{}$

Ich rechne zuerst die Zehner weg und dann die Einer.

−26

57

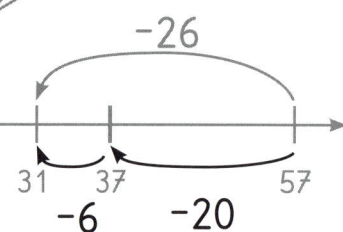

−26

31 37   57

−6   −20

1 Rechne.

65 − 20 =	31 − 20 =	98 − 30 =	67 − 60 =
32 − 10 =	75 − 40 =	76 − 60 =	82 − 50 =
87 − 40 =	44 − 40 =	25 − 10 =	91 − 60 =

2 Rechne.

35 − 10 =	45 − 20 =	57 − 20 =	49 − 10 =
35 − 12 =	45 − 23 =	57 − 24 =	49 − 17 =
56 − 30 =	68 − 40 =	83 − 60 =	34 − 30 =
56 − 34 =	68 − 44 =	83 − 61 =	34 − 33 =

3 Rechne.

42 − 12 =	74 − 53 =	15 − 12 =	48 − 23 =
56 − 24 =	65 − 22 =	43 − 32 =	39 − 16 =
83 − 13 =	38 − 15 =	86 − 43 =	54 − 22 =
28 − 14 =	59 − 23 =	94 − 41 =	67 − 15 =

Bleib in Form!

4 Schreibe die Zahlen der 5er-Reihe.

 5 — 10 —  — 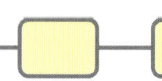 — — — 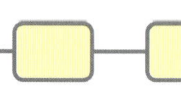 — — —

Minusrechnen im Zahlenraum 100: Rechenwege

13. Einzahlen und abheben

SPARBUCH

Datum		Betrag	Guthaben
14.01.2016	EIN	20,00	****20,00
20.02.2016	EIN	15,00	****35,00

1 Frau Huber arbeitet in der Bank. Oft kommen Kinder mit ihren Sparbüchern zu ihr. Manche Kinder zahlen etwas ein, andere heben etwas ab. Rechne aus, wie viel Geld die Kinder danach auf dem Sparbuch haben!

a) Ida hat 43 € auf ihrem Sparbuch. Sie zahlt heute 25 € ein.

R: 43+25=68

Neues Guthaben: 68 €

b) Julia zahlt 31 € ein. Davor hatte sie schon 45 € auf dem Sparbuch.

R:

Neues Guthaben: _____

c) Lea hat auf ihrem Sparbuch 47 €. Sie hebt 25 € ab.

R:

Neues Guthaben: _____

d) Tom hat noch kein Sparbuch. Er bringt 17 € und bekommt ein neues Sparbuch.

R:

Neues Guthaben: _____

e) Igor hat 87 € auf seinem Sparbuch. Er hebt 34 € ab.

R:

Neues Guthaben: _____

f) Sophie hat 35 € auf dem Sparbuch. Heute zahlt sie 23 € ein.

R:

Neues Guthaben: _____

g) Emre hat bereits 76 € auf seinem Sparbuch. Er zahlt weitere 12 € ein.

R:

Neues Guthaben: _____

h) Jessica hat 67 € auf ihrem Sparbuch. Sie hebt 35 € ab.

R:

Neues Guthaben: _____

Sachrechnen mit Größen: Euro

13. Einzahlen und abheben

1 Rechne aus, wie viel die Leute bezahlen. 1 Karte kostet 3 €.

9 €

2 Rechne.

$6 \cdot 3 =$ 18 $3 \cdot 3 =$ $9 \cdot 3 =$ $0 \cdot 3 =$ $10 \cdot 3 =$

$2 \cdot 3 =$ $4 \cdot 3 =$ $7 \cdot 3 =$ $5 \cdot 3 =$ $8 \cdot 3 =$

3 Schreibe die Zahlen der 3er-Reihe.

3 — 6 — ☐ — ☐ — ☐ — ☐ — ☐ — ☐ — ☐ — ☐

4 Schreibe die passenden Plusrechnungen.

$3 \cdot 3 =$ 3 + 3 + 3 $7 \cdot 3 =$

$4 \cdot 3 =$ $5 \cdot 3 =$

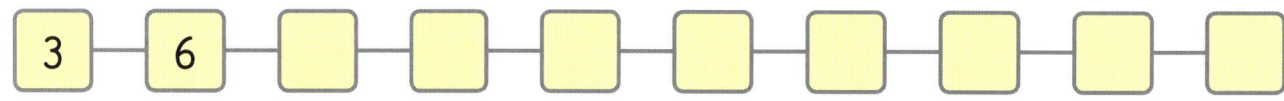

Bleib in Form!

5 Auf einen Blick: Wie viel Geld ist das?

a)
50 €
10 €
☐

b)

c)
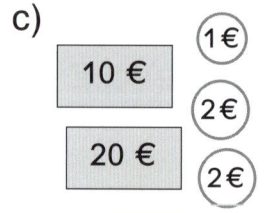

d)
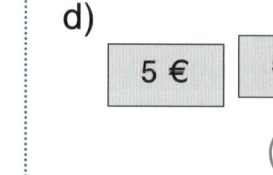

Malrechnen: 3er-Reihe

14. Das kann ich schon!

1 Rechne.

46 + 4 = 50   79 + 1 = [ ]   35 − 5 = [ ]   64 − 4 = [ ]

46 + 6 = [ ]   79 + 5 = [ ]   35 − 7 = [ ]   64 − 5 = [ ]

2 Finde die Fehler.

★ 85 − 7 = 76 f   81 − 4 = 41   34 − 5 = 29   75 − 9 = 66

41 − 4 = 37   32 − 6 = 26   53 − 6 = 59   75 − 7 = 58

64 − 8 = 58   15 − 8 = 7   81 − 4 = 77   92 − 6 = 86

16 − 7 = 9   21 − 8 = 13   50 − 6 = 54   42 − 6 = 48

3 Lies die Sachaufgaben und rechne.

a) In einem Bus sitzen 28 Frauen und 7 Männer.
Wie viele Personen sitzen im Bus?

R: _____   A: _____

b) In einem Bus sitzen 54 Personen.
An der Haltestelle steigen 8 Menschen aus.
Wie viele Personen sitzen jetzt noch im Bus?

R: _____   A: _____

c) In einem Bus sitzen 16 Frauen und 14 Männer.
An der Haltestelle steigen 3 Frauen und 7 Männer ein.
Wie viele Männer sitzen jetzt im Bus?

R: _____   A: _____

d) In einer Klasse sind 23 Kinder.
7 Kinder gehen jeden Tag zu Fuß zur Schule, die anderen Kinder
kommen mit dem Bus.
Wie viele Kinder kommen jeden Tag mit dem Bus?

R: _____   A: _____

Wiederholung: Plus- und Minusrechnen im Zahlenraum 100, Sachrechnen
2) Die Kinder markieren fehlerhafte Rechnungen mit einem f.

53

14. Das kann ich schon!

1 Drei Zahlen, vier Aufgaben.

a)

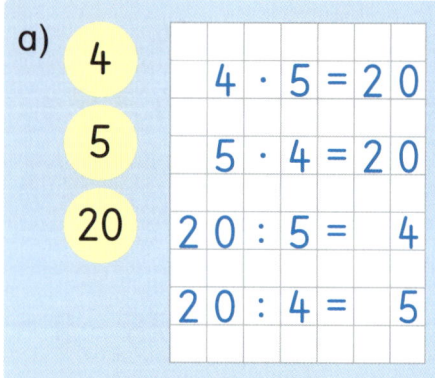

4
5
20

$4 \cdot 5 = 20$
$5 \cdot 4 = 20$
$20 : 5 = 4$
$20 : 4 = 5$

b)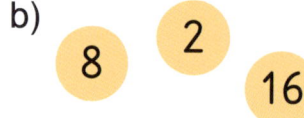

8 2 16

d)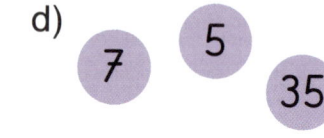

7 5 35

c)

5 10 50

e)

2 9 18

2 Lies die Sachaufgaben und rechne. Schreibe ins Heft.

a) Heidi, Milena und Andrea gehen ins Schwimmbad.
Der Eintritt kostet für jedes Kind 3 €.
Wie viel bezahlen die Mädchen zusammen?

b) Erwachsene bezahlen im Schwimmbad 6 € Eintritt.
Wie viel bezahlen 7 Erwachsene?

c) Beim Bademeister kann man Schwimmbretter ausleihen.
Die Leihgebühr für 1 Brett beträgt 3 €.
Frau Hieberl leiht für die Kinder ihrer Klasse 9 Bretter aus.
Wie viel bezahlt sie?

d) Das Schwimmbad hat 14 Umkleidekabinen.
Die Hälfte der Kabinen ist gerade besetzt.
Wie viele Kabinen sind gerade frei?

e) Vor dem Buffet stehen 8 Tische.
An jedem Tisch können 5 Personen sitzen.
Wie viele Personen können insgesamt an den Tischen sitzen?

Bleib in Form!

3 Ergänze die Zahlen der 3er-Reihe.

3 — 6 — ☐ — ☐ — ☐ — ☐ — ☐ — ☐ — ☐ — ☐

Wiederholung: Malnehmen und Verteilen, Tausch- und Umkehraufgaben, Sachaufgaben

1 Löse die Sikakus.

Grid 1 (4 columns × 5 rows):

3			6
		4	
	2		
2		3	

Grid 2 (4 columns × 5 rows):

		2	1
2	1		
	4	8	
2			

Grid 3 (4 columns × 5 rows):

	12		
			4
			4

Grid 4 (6 columns × 6 rows):

	1		6		
	1			6	
			1		
5		9			
	2	2			9

Grid 5 (6 columns × 6 rows):

		7			
		14			
		21			

Grid 6 (6 columns × 7 rows):

3	6		12		
	1			5	
2		2			
	9				
				16	

Grid 7 (6 columns × 7 rows):

	8			3	
				1	
			5		4
6					
				10	5
	6			3	
		3			2

14. Das kann ich schon!

1 Rechne.

52 + 10 =   34 + 30 =   41 + 30 =   53 + 40 =

52 + 12 =   34 + 33 =   41 + 35 =   53 + 42 =

2 Rechne und kontrolliere selbst die Ergebnisse.

23 + 14 =   51 + 25 =   32 + 34 =   65 + 23 =

72 + 21 =   34 + 43 =   47 + 11 =   43 + 34 =

62 + 22 =   41 + 15 =   18 + 21 =   31 + 37 =

30 + 14 =   56 + 12 =   72 + 25 =   82 + 14 =

Lösungen: 37 39 44 56 58 66 68 68 76 77 77 84 88 93 96 97

3 Rechne.

85 − 20 =   46 − 30 =   54 − 20 =   68 − 50 =

85 − 23 =   46 − 33 =   54 − 24 =   68 − 53 =

4 Rechne und kontrolliere selbst die Ergebnisse.

52 − 31 =   75 − 53 =   59 − 26 =   73 − 42 =

65 − 14 =   87 − 42 =   93 − 51 =   95 − 62 =

46 − 32 =   34 − 31 =   66 − 26 =   48 − 14 =

79 − 34 =   82 − 32 =   58 − 41 =   85 − 24 =

Lösungen: 3 14 17 21 22 31 33 33 34 40 42 45 45 50 51 61

Bleib in Form!

5 Setze <, > oder = richtig ein.

63 52   19 25   30 + 1 ⬤ 32   63 − 7 ⬤ 54

15. Gruppen bilden

1 Bilde Mannschaften und ergänze die Texte.

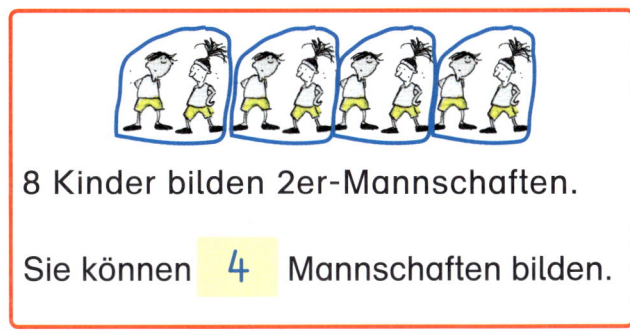

8 Kinder bilden 2er-Mannschaften.

Sie können **4** Mannschaften bilden.

12 Kinder bilden 3er-Mannschaften.

Sie können ____ Mannschaften bilden.

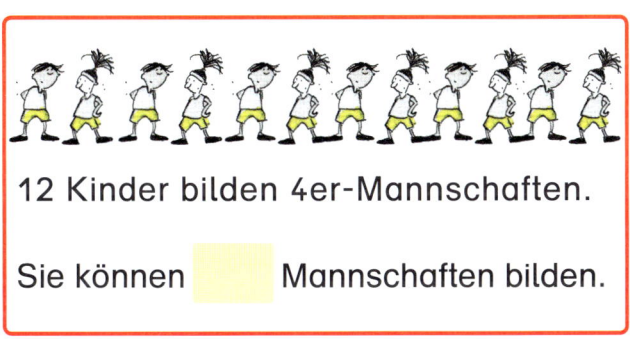

12 Kinder bilden 4er-Mannschaften.

Sie können ____ Mannschaften bilden.

10 Kinder bilden 5er-Mannschaften.

Sie können ____ Mannschaften bilden.

2 Wie viele Gruppen können die Kinder bilden?
Lege, zeichne und antworte.

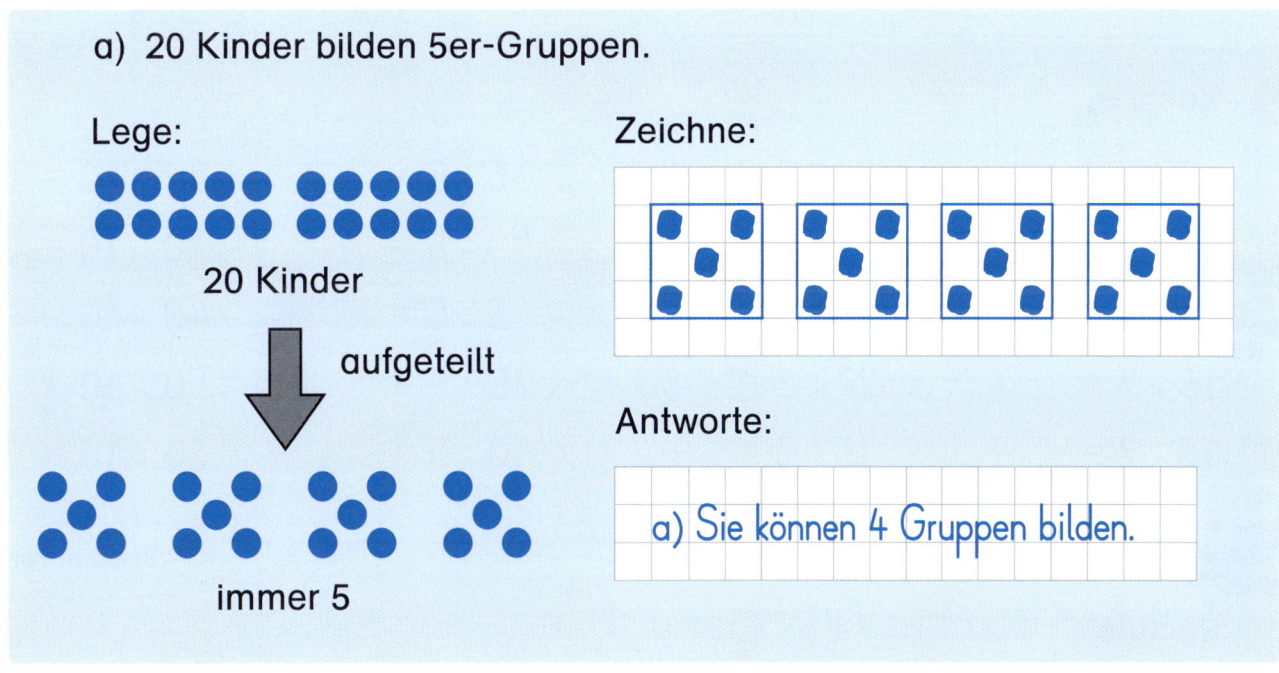

a) 20 Kinder bilden 5er-Gruppen.

Lege:

20 Kinder

aufgeteilt

immer 5

Zeichne:

Antworte:

a) Sie können 4 Gruppen bilden.

b) 8 Kinder bilden 4er-Gruppen.

c) 16 Kinder bilden 4er-Gruppen.

d) 30 Kinder bilden 10er-Gruppen.

e) 25 Kinder bilden 5er-Gruppen.

Aufteilen: Gruppen bilden
2) Die Kinder verwenden zur Unterstützung Legeplättchen.

15. Gruppen bilden

1 Rechne und kontrolliere mit der Umkehraufgabe.

14 : 2	

14 durch 2 geht 7-mal, weil 7 mal 2 gleich 14 ist.

1 4 : 2 = 7 , weil 7 · 2 = 1 4

15 : 5	25 : 5	30 : 5	45 : 5
70 : 10	60 : 10	30 : 10	10 : 10

Umkehraufgabe

2 Ergänze die fehlenden Zahlen.

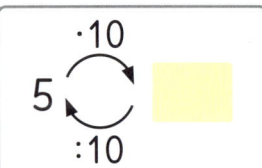
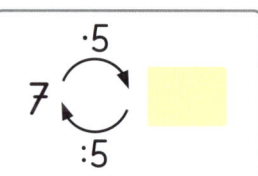
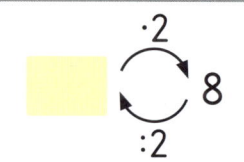
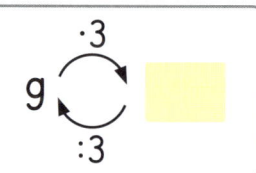

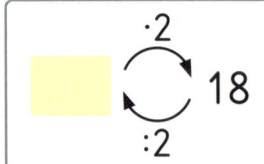

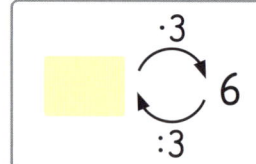

3 Rechne.

8 : 2 =	21 : 3 =	35 : 5 =	80 : 10 =
20 : 2 =	9 : 3 =	40 : 5 =	70 : 10 =
14 : 2 =	18 : 3 =	5 : 5 =	40 : 10 =
16 : 2 =	27 : 3 =	25 : 5 =	50 : 10 =
18 : 2 =	15 : 3 =	10 : 5 =	20 : 10 =

Bleib in Form!

4 Rechne.

54 + 20 =	23 + 40 =	81 + 10 =	35 + 30 =
42 + 10 =	39 + 50 =	24 + 20 =	74 + 20 =

Aufteilen: Umkehraufgaben

15. Gruppen bilden

1 Der Bauer sammelt die Eier seiner Hühner ein und packt sie in Sechserkartons. Wie viele Eierkartons kann er füllen?

R: _____

A: ____ Kartons.

2 Die Hennen auf dem Wiesenhof legten Eier. Die Bäuerin packt sie in Sechserkartons. Wie viele Eierkartons kann sie füllen?

R: _____

A: ____ Kartons.

3 Die Kinder wechseln Geld.

a) Anna hat einen 10-€-Schein.
Sie will dafür 2-€-Münzen haben.
Wie viele Münzen bekommt sie?

R: $10 : 2 = 5$

A: Sie bekommt **5** 2-€-Münzen.

b) Lucas hat einen 20-€-Schein.
Er will dafür 1-€-Münzen haben.
Wie viele Münzen bekommt er?

R: _____

A: Er bekommt ☐ 1-€-Münzen.

c) Andrea hat einen 50-€-Schein.
Sie will dafür 10-€-Scheine haben.
Wie viele Geldscheine bekommt sie?

R: _____

A: Sie bekommt ☐ 10-€-Scheine.

d) Shadan hat einen 20-€-Schein.
Er will dafür 5-€-Scheine haben.
Wie viele Geldscheine bekommt er?

R: _____

A: Er bekommt ☐ 5-€-Scheine.

★ e) Tina hat zwei 50-€-Scheine.
Sie will dafür 2-€-Münzen haben.
Wie viele Münzen bekommt sie?

R: _____

A: Sie bekommt ☐ 2-€-Münzen.

Aufteilen: Kartons füllen, Sachrechnen mit Euro

15. Gruppen bilden

1 Zähle in 4er-Schritten vorwärts und rückwärts.

0, 4, 8, …

40, 36, 32, …

2 Rechne. Nutze die Kernaufgaben.

1 · 4 =   10 · 4 =   5 · 4 =   5 · 4 =

2 · 4 =   9 · 4 =   4 · 4 =   6 · 4 =

3 · 4 =   8 · 4 =   3 · 4 =   7 · 4 =

3 Zeichne das Muster in dein Heft.
Aus wie vielen Punkten besteht es?

4 Rechne und ergänze die fehlenden Rechnungen.

5 · 4 =   10 · 4 =   5 · 4 =   2 · 4 =

6 · 4 =   9 · 4 =   4 · 4 =   4 · 4 =

7 · 4 =   8 · 4 =   3 · 4 =   6 · 4 =

____ · ____ =   ____ · ____ =   ____ · ____ =   ____ · ____ =

Bleib in Form!

5 Rechne.

26 − 13 =   64 − 31 =   24 − 13 =   46 − 32 =

45 − 41 =   56 − 13 =   43 − 12 =   54 − 14 =

72 − 21 =   34 − 12 =   58 − 31 =   67 − 21 =

Malrechnen: 4er-Reihe
2) Die Kernaufgaben der 4er-Reihe sind hervorgehoben.

16. Rund um die Uhr

1 Jede Mannschaft besteht aus vier Personen.
Zähle die Laufzeiten jeder Mannschaft zusammen.
Welche Mannschaft hat gewonnen? Schreibe eine Liste.

Stunde ... h,
Minute ... min

Mannschaft GELB

Hilde	6 min
Anna	4 min
Tobias	7 min
Reiner	5 min

Mannschaft BLAU

Ernst	8 min
Harald	4 min
Lisa	5 min
Monika	6 min

Mannschaft ROT

Stefan	5 min
Berta	6 min
Tanja	6 min
Sandra	4 min

Mannschaft LILA

Rahel	7 min
Lydia	5 min
Rudi	6 min
Swen	5 min

Mannschaft GRÜN

Günther	6 min
Katja	7 min
Nadja	7 min
Werner	5 min

2 Ergänze immer auf eine Stunde.

1 h = 1 Stunde	Eine Stunde hat 60 Minuten. 1 h = 60 min

1 h

40 min + **20** min
30 min + ___ min
___ min + 18 min
___ min + 60 min
20 min + ___ min

1 h

50 min + ___ min
0 min + ___ min
___ min + 30 min
___ min + 5 min
45 min + ___ min

1 h

17 min + ___ min
52 min + ___ min
___ min + 1 min
___ min + 25 min
36 min + ___ min

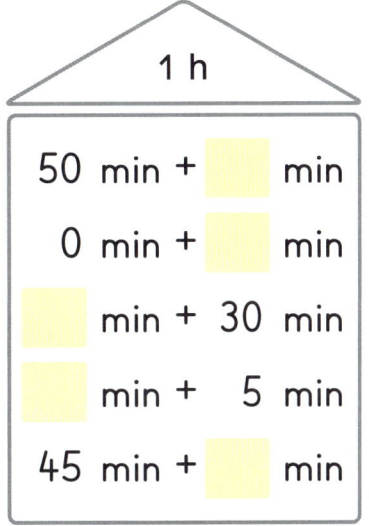

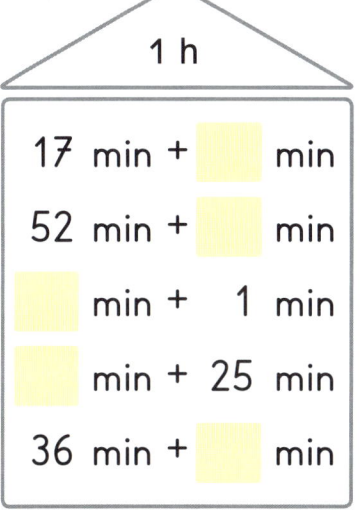

Größen und Messen: Stunde, Minute

16. Rund um die Uhr

1 Welche Zeiten passen zu diesen Uhren?

| 00:00 | 01:00 | 03:00 | 05:00 | 08:00 |

| 13:00 | 15:00 | 17:00 | 20:00 | 24:00 |

2 Welche Zeiten zeigen diese Uhren?

> **Ein Tag hat 24 Stunden.**

9:20 Uhr   Uhr   Uhr   Uhr

21:20 Uhr   Uhr   Uhr   Uhr

> **Bleib in Form!**

3 Rechne.

24 + 23 =   61 + 23 =   43 + 24 =   36 + 22 =

51 + 45 =   53 + 24 =   42 + 15 =   44 + 14 =

32 + 41 =   14 + 62 =   48 + 31 =   26 + 51 =

Größen: Stunden, Minuten, die Uhr

16. Rund um die Uhr

1 Zeichne die Zeiger in die Uhren.

  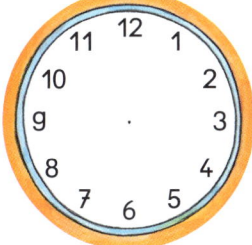 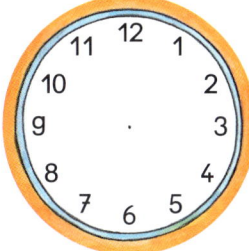

| 14:00 | 18:00 | 15:30 | 20:15 |

2 Es ist 17:30 Uhr. Ingo darf eine Stunde lang fernsehen.
Welche Sendungen kann er sehen?

Fernsehprogramm

17:00 Drachenkampf
17:25 Wetter
17:30 Der blaue Bär
18:05 Sonnenstraße
18:30 Abenteuer Comic
19:10 Unser Tierreich
19:30 Nachrichten

Ingo sieht folgende Sendungen:

3 Es ist 4 Uhr am Nachmittag. Klara darf zwei Studen lang fernsehen.
Welche Sendungen kann sie sehen?

Fernsehprogramm

15:30 Kleine Farm
15:55 Werbung
16:00 Wilde Brüder
17:30 Susis Abenteuer
18:00 Achtung Kamera!
18:20 Wo bin ich?

Klara sieht folgende Sendungen:

Größen: Uhrzeit, Zeitpunkt, Zeitdauer

17. Messen mit dem Lineal

1 Wie lang sind die Stifte? Miss mit deinem Lineal.

5cm

0 1 2 3 4 5 6

Bleib in Form!

2 Rechne.

$4 \cdot 3 =$ $5 \cdot 3 =$ $9 \cdot 3 =$ $10 \cdot 3 =$

$4 \cdot 6 =$ $5 \cdot 6 =$ $9 \cdot 6 =$ $10 \cdot 6 =$

Größen: Zentimeter, Längen messen

17. Messen mit dem Lineal

1 Zeichne diese Strecken in dein Heft.

a) 5 cm   b) 7 cm   c) 12 cm   d) 13 cm   e) 8 cm

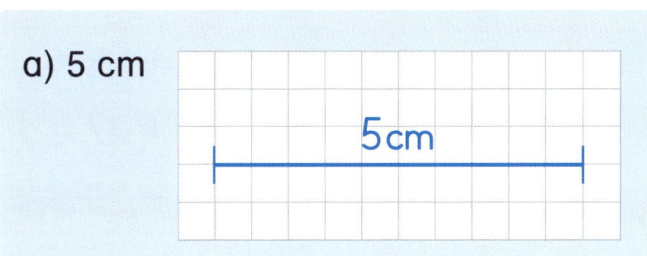

a) 5 cm

5 cm

1 Meter = 100 Zentimeter
1 m = 100 cm

2 Ergänze immer auf einen Meter.

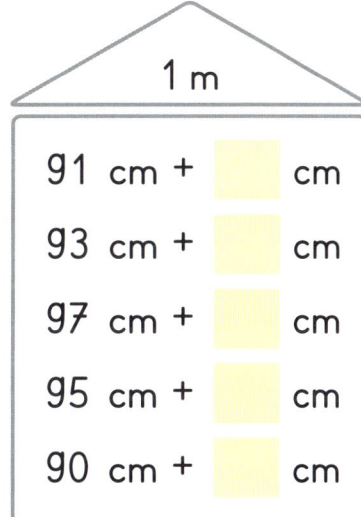

1 m

10 cm +	cm
40 cm +	cm
80 cm +	cm
90 cm +	cm
100 cm +	cm

1 m

91 cm +	cm
93 cm +	cm
97 cm +	cm
95 cm +	cm
90 cm +	cm

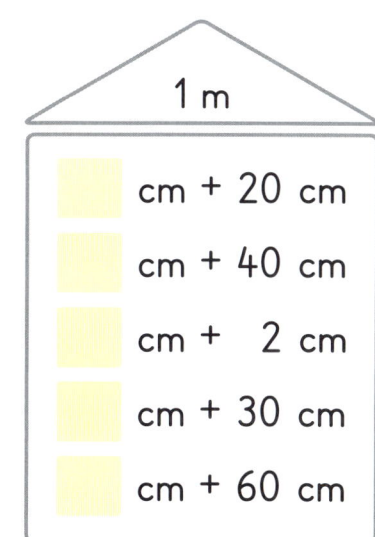

1 m

	cm + 20 cm
	cm + 40 cm
	cm + 2 cm
	cm + 30 cm
	cm + 60 cm

3 Löse die Sachaufgaben und rechne im Heft.

a) Eine Schnecke kriecht erst 35 cm und dann noch 22 cm.
Wie weit ist sie gekommen?

b) Ein Wurm kriecht erst 90 cm nach vorn und dann 20 cm zurück.
Wie weit ist er gekommen?

c) Eine Blume ist genau einen Meter hoch.
40 cm über dem Boden sitzt ein Käfer.
Wie weit muss er klettern, um bis ganz nach oben zu kommen?

Größen: Zentimeter, Meter, Längen messen, Sachaufgaben

18. Geldgeschäfte

1 Rechne wie Aron, Zehner und Einer getrennt.
Verwende Legematerial wenn nötig.

a) $37 + 15 = \boxed{}$
30 + 10   7 + 5

a)		3	7	+	1	5	=	5	2

b) $64 + 19 = \boxed{}$
60 + 10   4 + 9

c) $39 + 35 = \boxed{}$
30 + 30   9 + 5

d) $54 + 38 = \boxed{}$

e) $26 + 37 = \boxed{}$

f) $65 + 29 = \boxed{}$

$17 + 18 = $
10   8

$17 + 10 = \boxed{}\boxed{}$

$\boxed{}\boxed{} + 8 = \boxed{}\boxed{}$
3   5

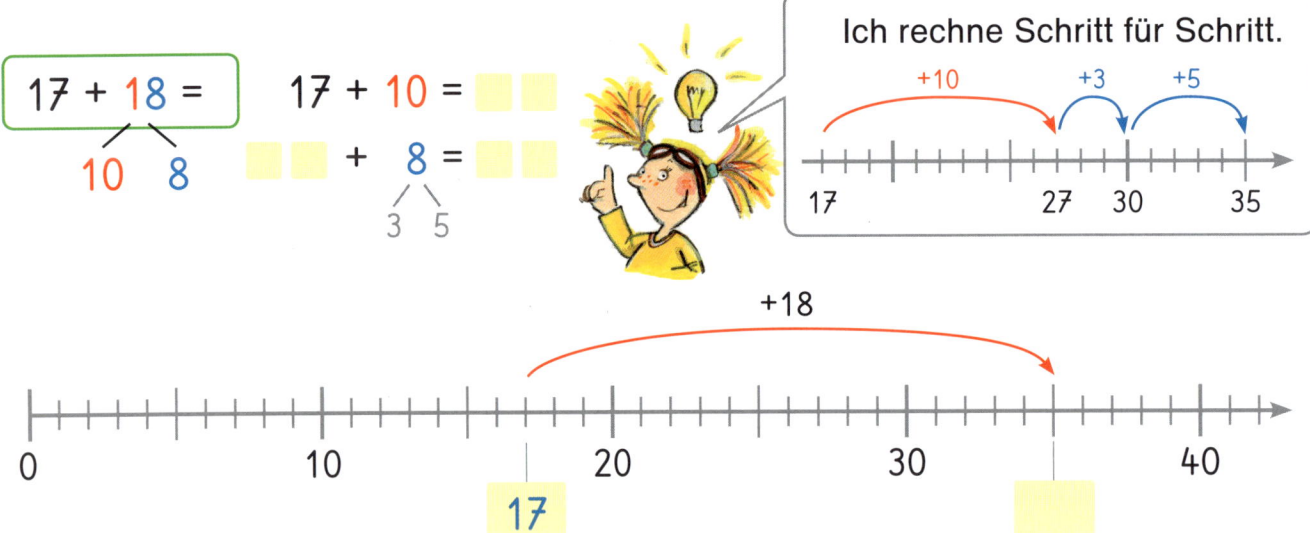

Ich rechne Schritt für Schritt.

2 Rechne wie Nora.

$17 + 10 = \boxed{}$	$25 + 30 = \boxed{}$	$48 + 10 = \boxed{}$	$37 + 30 = \boxed{}$
$17 + 13 = \boxed{}$	$25 + 35 = \boxed{}$	$48 + 12 = \boxed{}$	$37 + 33 = \boxed{}$
$17 + 18 = \boxed{}$	$25 + 37 = \boxed{}$	$48 + 16 = \boxed{}$	$37 + 35 = \boxed{}$

Bleib in Form!

3 Ergänze die fehlenden Zahlen im Zahlenband.

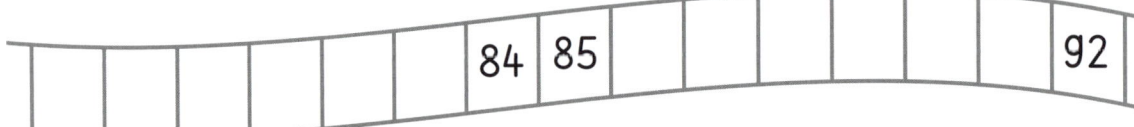

					84	85					92

18. Geldgeschäfte

1 Ergänze zum nächsten Zehner.

28 + [2] = 30   37 + [ ] = 40   18 + [ ] = [ ]   77 + [ ] = [ ]

48 + [ ] = 50   56 + [ ] = [ ]   72 + [ ] = [ ]   96 + [ ] = [ ]

85 + [ ] = [ ]   23 + [ ] = [ ]   46 + [ ] = [ ]   69 + [ ] = [ ]

2 Rechne.

46 + 20 = [66]   39 + 40 = [ ]   65 + 10 = [ ]   18 + 20 = [ ]

46 + 25 = [ ]   39 + 43 = [ ]   65 + 17 = [ ]   18 + 25 = [ ]

58 + 10 = [68]   19 + 60 = [ ]   54 + 20 = [ ]   67 + 20 = [ ]

58 + 15 = [ ]   19 + 63 = [ ]   54 + 27 = [ ]   67 + 25 = [ ]

3 Rechne.

57 + 26 = [83]   26 + 58 = [ ]   56 + 35 = [ ]   38 + 16 = [ ]

36 + 38 = [ ]   78 + 15 = [ ]   23 + 35 = [ ]   29 + 43 = [ ]

28 + 14 = [ ]   46 + 25 = [ ]   16 + 48 = [ ]   67 + 16 = [ ]

39 + 33 = [ ]   33 + 45 = [ ]   78 + 16 = [ ]   37 + 35 = [ ]

4 Haben die Kinder genug Geld? Rechne und kreuze an.

35€    79€    39€

a) Sandra hat 13 €, Edi hat 19 €.
   Sie wollen das Modellflugzeug kaufen. ☐ genug Geld ☐ zu wenig Geld

b) Hans hat 45 €, Timon hat 37 €.
   Sie wollen das Zelt kaufen. ☐ genug Geld ☐ zu wenig Geld

b) Ulli hat 27 €, Helga hat 16 €.
   Sie wollen das Spiel kaufen. ☐ genug Geld ☐ zu wenig Geld

Plusrechnen im Zahlenraum 100: Rechenstrategien, Sachrechnen mit Geld

18. Geldgeschäfte

1 Die Kinder nehmen Geld aus dem Sparschwein.
Lege und rechne, wie viel Geld danach noch im Sparschwein ist.

64 €   Tobias nimmt **45 €**.

$$64 € \xrightarrow{-45 €} \quad$$ Das bleibt im Sparschwein.

51 €   Emma nimmt **24 €**.

$$51 € \xrightarrow{-24 €} \quad$$ Das bleibt im Sparschwein.

72 €   Lilli nimmt **34 €**.

$$72 € \xrightarrow{-34 €} \quad$$ Das bleibt im Sparschwein.

2 Rechne.

$63 - 20 =$	$84 - 50 =$	$45 - 10 =$	$92 - 40 =$
$63 - 23 =$	$84 - 54 =$	$45 - 15 =$	$92 - 42 =$
$63 - 25 =$	$84 - 57 =$	$45 - 17 =$	$92 - 46 =$

Bleib in Form!

3 Welche Zeiten zeigen diese Uhren?

a)

b)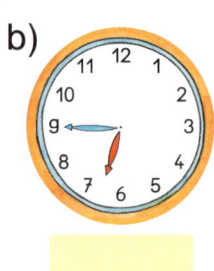

c)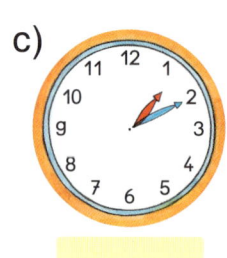

d)

18. Geldgeschäfte

1 Rechne.

72 − 40 = 32	53 − 20 =	84 − 60 =	92 − 40 =
72 − 43 =	53 − 25 =	84 − 67 =	92 − 44 =
51 − 30 =	45 − 10 =	63 − 20 =	36 − 10 =
51 − 34 =	45 − 17 =	63 − 28 =	36 − 19 =

2 Rechne.

74 − 25 = 49	34 − 28 =	63 − 18 =	81 − 64 =
35 − 18 =	53 − 31 =	44 − 42 =	68 − 35 =
78 − 34 =	53 − 17 =	53 − 38 =	64 − 45 =
61 − 44 =	34 − 32 =	54 − 31 =	75 − 17 =

3 Finde Fragen, rechne und schreibe die Antworten.

a) Rudi hat 48 € auf seinem Sparbuch.
Er zahlt noch 25 € ein.

> F: Wie hoch ist das neue Guthaben?
>
> R: 48+25=73
>
> A: Das neue Guthaben ist 73 €.

b) In einem Bus sitzen 32 Personen.
14 Leute steigen aus.

c) Leonore hat beim Dosenschießen in der ersten Runde
58 Punkte und in der zweiten Runde 37 Punkte erreicht.

d) Leo hat beim Kegeln insgesamt 94 Punkte erreicht,
sein Freund Alois 18 Punkte weniger.

e) Ida hat in ihrem Leben schon zehn Kamele gesehen.
Luise hat erst sechs Kamele gesehen.

Minusrechnen im Zahlenraum 100, Sachaufgaben

19. Geschickt Malrechnen

1 Verbinde die Rechnungen, die das gleiche Ergebnis haben.

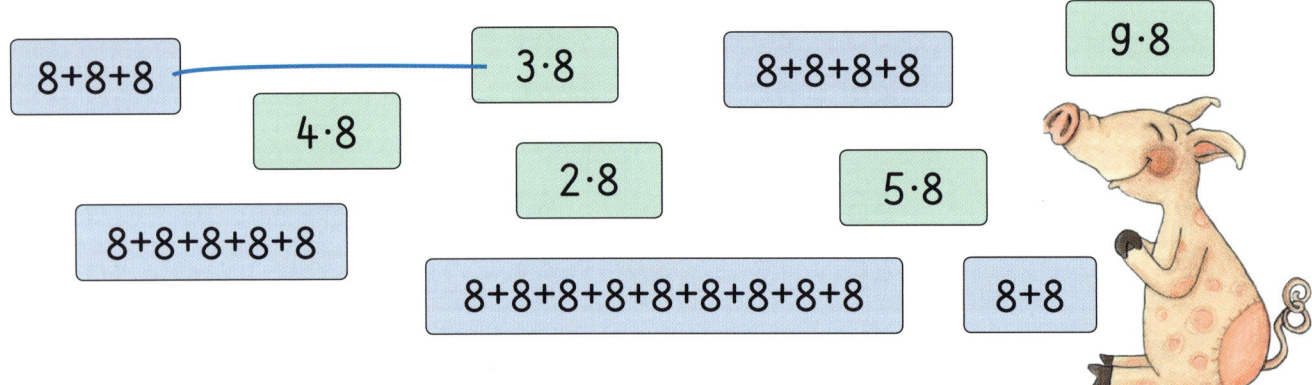

8+8+8   3·8   8+8+8+8   9·8

4·8

2·8   5·8

8+8+8+8+8

8+8+8+8+8+8+8+8+8   8+8

2 Schreibe die Zahlen der 8er-Reihe.

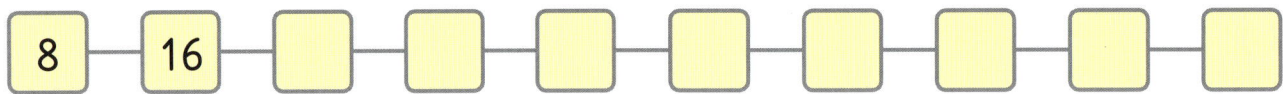

| 8 | 16 | | | | | | | | |

3 Rechne. Nutze die Kernaufgaben.

2 · 8 =	5 · 8 =	5 · 8 =	10 · 8 =
3 · 8 =	4 · 8 =	6 · 8 =	9 · 8 =
		7 · 8 =	8 · 8 =

4 Rechne. Nutze die Verdoppelung.

4 · 4 =	8 · 4 =	2 · 4 =	7 · 4 =
4 · 8 =	8 · 8 =	2 · 8 =	7 · 8 =

Bleib in Form!

5 Auf einen Blick: Erkenne die Zahlen.

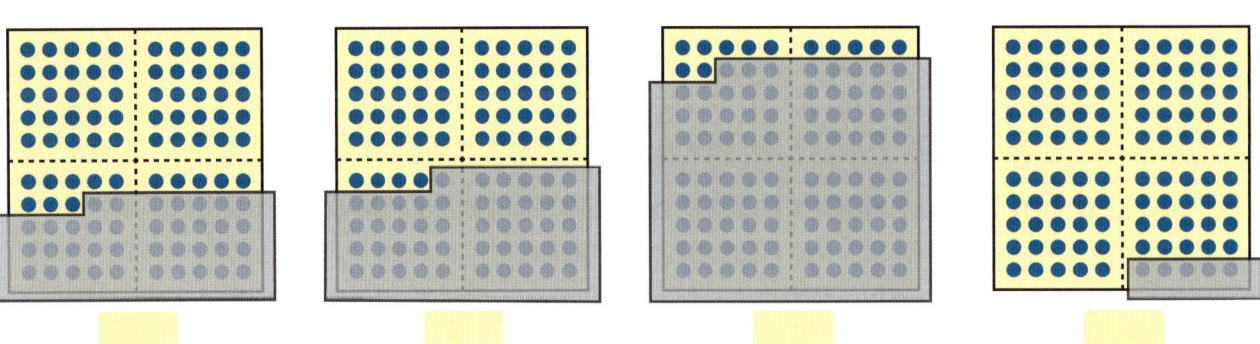

Malrechnen: Rechenstrategien

1 Schreibe zu jedem Bild eine Malrechnung und eine Minusrechnung.

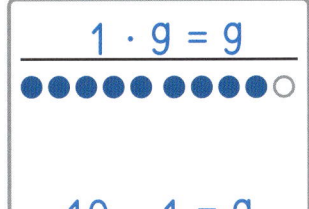

$1 \cdot 9 = 9$

$10 - 1 = 9$

$2 \cdot 9 =$

$20 - 2 =$

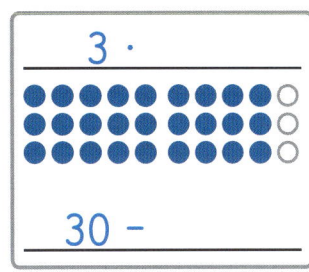

$3 \cdot$

$30 -$

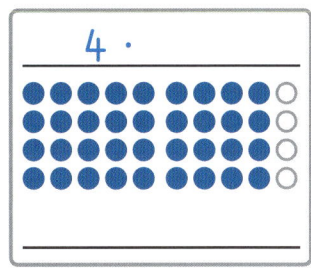

$4 \cdot$

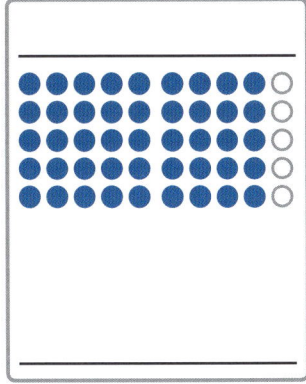

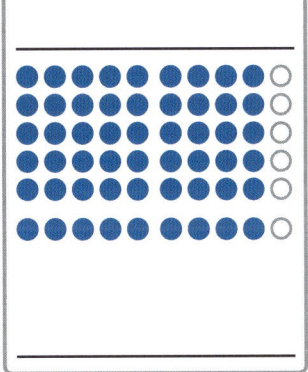

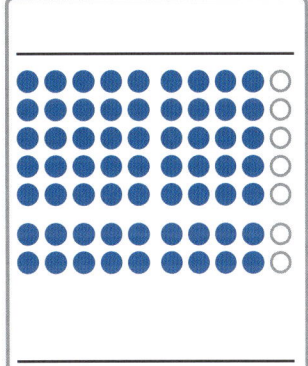

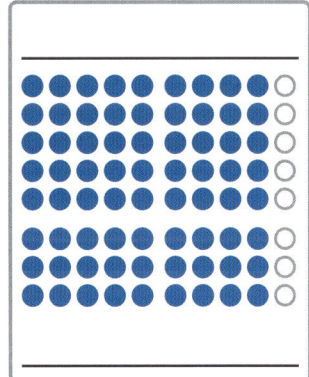

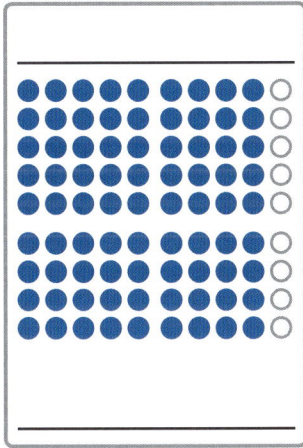

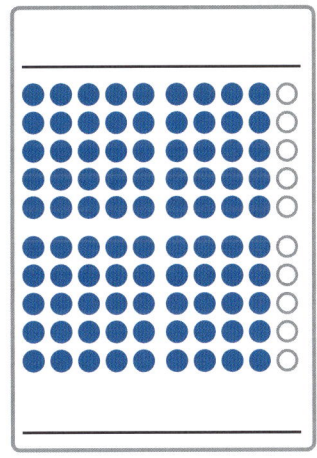

2 Rechne und schreibe die Umkehraufgabe.

$5 \cdot 9 =$ 45	$3 \cdot 9 =$	$7 \cdot 9 =$	$4 \cdot 9 =$	$9 \cdot 9 =$
$45 : 9 = 5$				

$2 \cdot 9 =$	$6 \cdot 9 =$	$1 \cdot 9 =$	$10 \cdot 9 =$	$8 \cdot 9 =$

Malrechnen: 9er-Reihe, Umkehraufgaben

20. Schaubilder

1 Die Riesinnen haben den Trollen Aufgaben gestellt.
Zeichne die fehlenden Balken in das Schaubild.

Zwei Trolle konnten ein Haus zeichnen.

Neun Trolle konnten richtig laut rülpsen.

Nur vier Trolle konnten sich die Nase putzen.

Ein einziger Troll konnte eine Schleife binden.

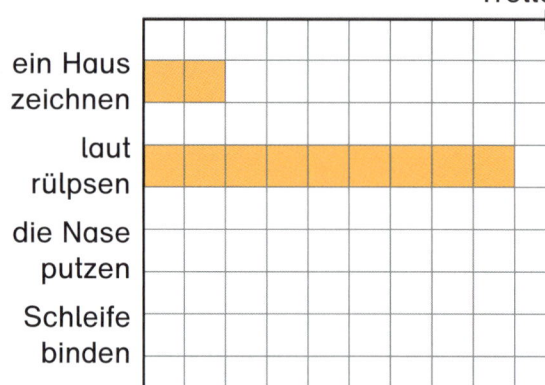

Trolle

| ein Haus zeichnen |
| laut rülpsen |
| die Nase putzen |
| Schleife binden |

2 Dieses Schaubild zeigt, welche Instrumente Kinder spielen.
Schau im Diagramm nach und beantworte die Fragen.

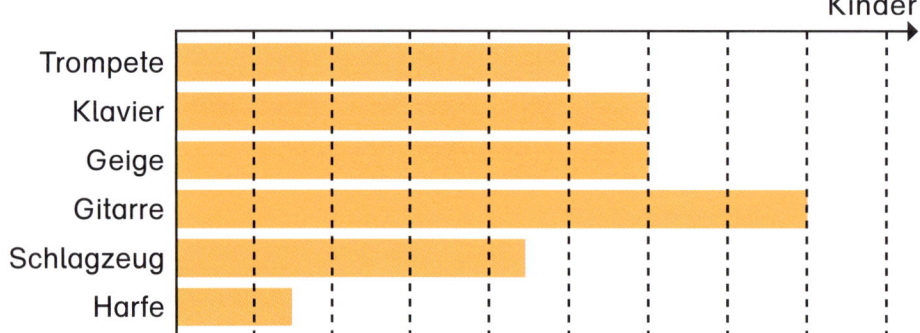

Kinder

Trompete
Klavier
Geige
Gitarre
Schlagzeug
Harfe

Die meisten Kinder spielen Schlagzeug.	❏ richtig	❏ falsch
Aus dem Diagramm erkennt man nicht, wie viele Kinder Blockflöte spielen.	❏ richtig	❏ falsch
Die meisten Kinder spielen Gitarre.	❏ richtig	❏ falsch
Niemand spielt Trompete.	❏ richtig	❏ falsch
Gleich viele Kinder spielen Klavier und Geige.	❏ richtig	❏ falsch
Es gibt etwas mehr Trompeter als Schlagzeuger.	❏ richtig	❏ falsch

Bleib in Form!

3 Schreibe die Zahlen der 9er-Reihe.

| 9 | 18 | | | | | | | | |

Daten: Schaubilder

20. Schaubilder

1 Welche Farben werden die genommenen Kugeln haben? Kreuze an.
Besprich deine Überlegungen mit einem anderen Kind.

a)

> Ich nehme mir eine Kugel von diesem Teller, ohne hinzusehen.

sicher,
wahrscheinlich,
unwahrscheinlich

Rot:
- ❏ sicher
- ❏ wahrscheinlich
- ❏ unwahrscheinlich
- ❏ sicher nicht

Gelb:
- ❏ sicher
- ❏ wahrscheinlich
- ❏ unwahrscheinlich
- ❏ sicher nicht

Grün:
- ❏ sicher
- ❏ wahrscheinlich
- ❏ unwahrscheinlich
- ❏ sicher nicht

b)

> Ich nehme mir eine Kugel von diesem Teller, ohne hinzusehen.

Rot:
- ❏ sicher
- ❏ wahrscheinlich
- ❏ unwahrscheinlich
- ❏ sicher nicht

Gelb:
- ❏ sicher
- ❏ wahrscheinlich
- ❏ unwahrscheinlich
- ❏ sicher nicht

Grün:
- ❏ sicher
- ❏ wahrscheinlich
- ❏ unwahrscheinlich
- ❏ sicher nicht

c)

> Ich nehme mir eine Kugel von diesem Teller, ohne hinzusehen.

Rot:
- ❏ sicher
- ❏ wahrscheinlich
- ❏ unwahrscheinlich
- ❏ sicher nicht

Gelb:
- ❏ sicher
- ❏ wahrscheinlich
- ❏ unwahrscheinlich
- ❏ sicher nicht

Grün:
- ❏ sicher
- ❏ wahrscheinlich
- ❏ unwahrscheinlich
- ❏ sicher nicht

Daten: Zufallsexperimente, Wahrscheinlichkeit
1) Die Kinder führen das Experiment konkret durch und sammeln dabei Erfahrungen. 10 Versuche ergeben erste Einsichten.

1   Rechne mit Probe. Finde selbst Rechnungen.

4 : 2 = **2** , weil **2** · 2 = 4   12 : 4 = ☐ , weil ☐ · 4 = 12

9 : 3 = ☐ , weil ☐ · 3 = 9   20 : 5 = ☐ , weil ☐ · 5 = 20

16 : 2 = ☐ , weil ☐ · 2 = 16   ☐ : ☐ = ☐ , weil ☐ · ☐ = ☐

40 : 8 = ☐ , weil ☐ · 8 = 40   ☐ : ☐ = ☐ , weil ☐ · ☐ = ☐

2   Andrea hat eine Autowerkstatt.
Für wie viele Autos reichen die Reifen?

    a)   Sommerreifen: 12 Stück im Lager

    b)   Winterreifen: 20 Stück im Lager

    c)   Geländewagenreifen: 8 Stück im Lager

    d)   Sportreifen: 16 Stück im Lager

3   Drei Zahlen, vier Aufgaben.

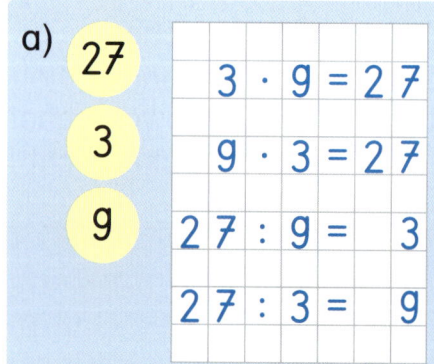

a)   27   3   9

3 · 9 = 27
9 · 3 = 27
27 : 9 = 3
27 : 3 = 9

b)   5   6   30

c)   7   8   56

d)   5   8   40

e)   3   8   24

 **Bleib in Form!**

4   Ergänze die Zahlenmauern.

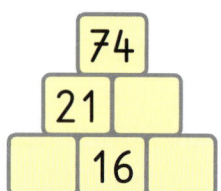

74
21   ☐
☐   16   ☐

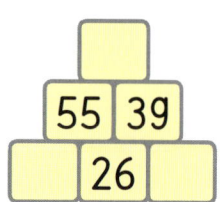

☐
55   39
☐   26   ☐

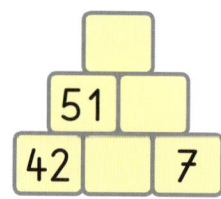

☐
☐   51
42   ☐   7

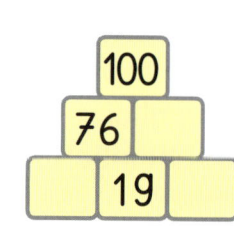

100
76   ☐
☐   19   ☐

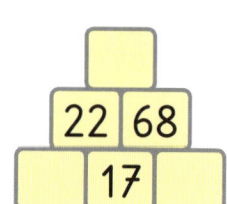

☐
22   68
☐   17   ☐

Wiederholung: Aufteilen und Malrechnen, Tausch- und Umkehraufgaben

1   Welche Zeiten zeigen diese Uhren?

7:05
19:05

_____ _____ _____

_____ _____ _____ _____

2   Ergänze immer auf eine Stunde.

20 min + ☐ = 1 h

| 2 | 0 | min | + | 4 | 0 | min | = 1 h |

40 min + ☐ = 1 h   53 min + ☐ = 1 h

60 min + ☐ = 1 h   54 min + ☐ = 1 h

30 min + ☐ = 1 h   59 min + ☐ = 1 h

3   Wie lang sind die Seiten? Miss mit dem Lineal.

2 cm

21. Das kann ich schon!

1 Drei Zahlen, vier Aufgaben.

a)
| 15 |
| 23 |
| 38 |

$15 + 23 = 38$

$23 + 15 = 38$

$38 - 15 = 23$

$38 - 23 = 15$

b) 11 13 24

d) 41 28 69

c) 13 36 49

e) 49 13 36

2 Rechne und kontrolliere selbst die Ergebnisse.

$38 + 14 =$ ☐ $65 + 29 =$ ☐ $43 + 17 =$ ☐ $15 + 37 =$ ☐

$56 + 25 =$ ☐ $32 + 31 =$ ☐ $74 + 18 =$ ☐ $63 + 25 =$ ☐

$47 + 26 =$ ☐ $39 + 42 =$ ☐ $27 + 24 =$ ☐ $48 + 34 =$ ☐

Lösungen: 51 52 52 60 63 73 81 81 82 88 92 94

3 Rechne und kontrolliere selbst die Ergebnisse.

$42 - 24 =$ ☐ $53 - 18 =$ ☐ $86 - 48 =$ ☐ $63 - 16 =$ ☐

$24 - 18 =$ ☐ $64 - 39 =$ ☐ $73 - 73 =$ ☐ $65 - 35 =$ ☐

$95 - 59 =$ ☐ $43 - 16 =$ ☐ $80 - 14 =$ ☐ $94 - 29 =$ ☐

Lösungen: 0 6 18 25 27 30 35 36 38 47 65 66

> **Bleib in Form!**

4 Ergänze die Zahlenmauern.

Wiederholung: Plus- und Minusrechnen im Zahlenraum 100, Tausch- und Umkehraufgaben

1 Nach einem Besuch im Zoo haben die Kinder ihre Lieblingstiere gewählt.
Streiche falsche Aussagen durch.

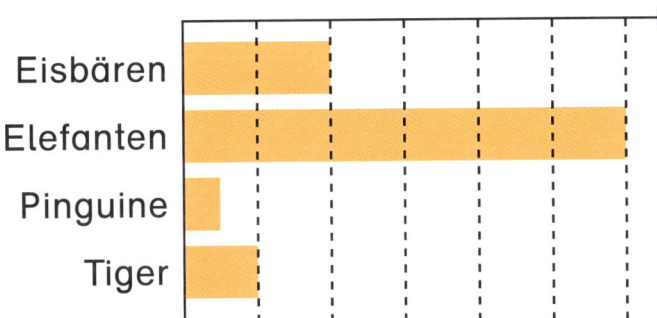

a) Niemand wählte die Eisbären.

b) Tiger bekamen doppelt so viele Stimmen wie Pinguine.

c) Alle wählten die Eisbären.

d) Elefanten sind am beliebtesten.

2 Familie Kunz macht einen Ausflug auf eine Ritterburg.
Rechne und beantworte die Fragen im Heft.

a) Herr Kunz trägt die kleine Lisa zur Burg.
Bis zum Turm sind es 18 Treppenstufen, danach
noch 6 Stufen bis ganz nach oben.
Wie viele Treppenstufen muss Herr Kunz steigen?

b) Die Burg hat 78 Zimmer. Dazu kommen noch 8 Räume im Kerker.
Wie viele Räume sind das zusammen?

c) Für 7 € kann man eine Rüstung anziehen und sich fotografieren lassen.
Herr Kunz bezahlt 35 €. Wie viele Fotos hat Herr Kunz machen lassen?

d) Früher arbeiteten auf der Burg 36 Knechte und 28 Mägde.
Wie viele Bedienstete waren damals auf der Burg beschäftigt?

e) Familie Kunz bezahlt 14 € für eine Führung durch die Burg. Für ihre
gehörlose Tochter übersetzt eine Frau die Erklärungen in Gebärden-
sprache. Das kostet zusätzlich 18 €. Wie viel kostet das insgesamt?

f) Vor der Heimfahrt isst die Familie Kunz im Burgstüberl zu Abend.
Die Rechnung beträgt 67 €. Herr Kunz bezahlt mit einem 100-€-Schein.
Wie viel Wechselgeld bekommt er zurück?

3 Denke dir selbst eine Rechengeschichte zu einer Burg aus.
In der Geschichte sollen mindestens 30 Pferde vorkommen.

Wiederholung: Schaubilder, Sachaufgaben

22. Zahlenstrahl

1 Sind das mehr
oder weniger als 50 Sterne?

Zuerst kreise ich zehn Sterne ein.
Dann schätze ich: Insgesamt sind
es etwa 3 mal so viele. Zusammen
sind das etwa 30 Sterne.

schätzen,
mindestens,
höchstens

❑ mehr als 50
❑ weniger als 50

2 Sind das mehr oder weniger als 30 Herzen?
Kreise fünf oder zehn Herzen ein und schätze dann das Ergebnis.

❑ mehr als 30
❑ weniger als 30

3 Sind das mehr oder weniger als 80 Punkte?
Kreise zehn Punkte ein und schätze dann das Ergebnis.

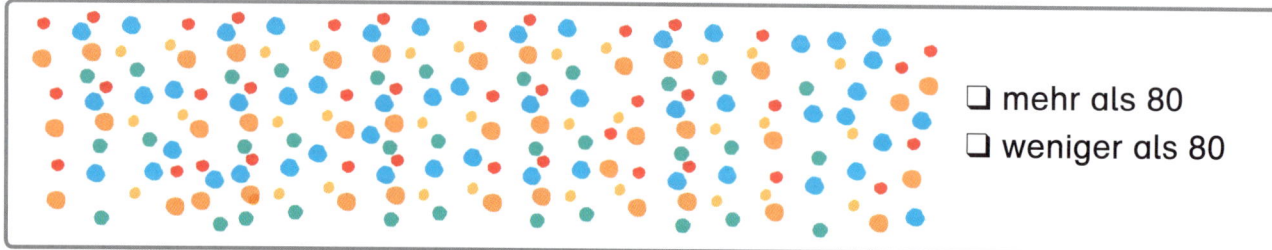

❑ mehr als 80
❑ weniger als 80

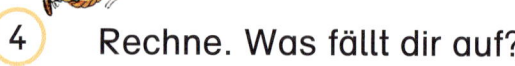

Bleib in Form!

4 Rechne. Was fällt dir auf?

12 : 3 = ☐   6 : 3 = ☐   24 : 3 = ☐   30 : 3 = ☐

12 : 6 = ☐   6 : 6 = ☐   24 : 6 = ☐   30 : 6 = ☐

22. Zahlenstrahl

1 Beschrifte die markierten Zahlen.

a)
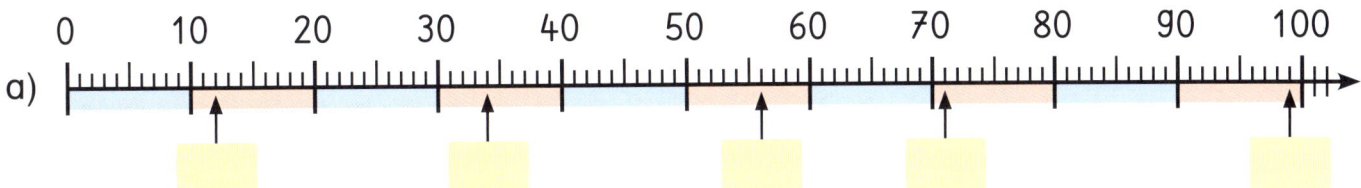

b)
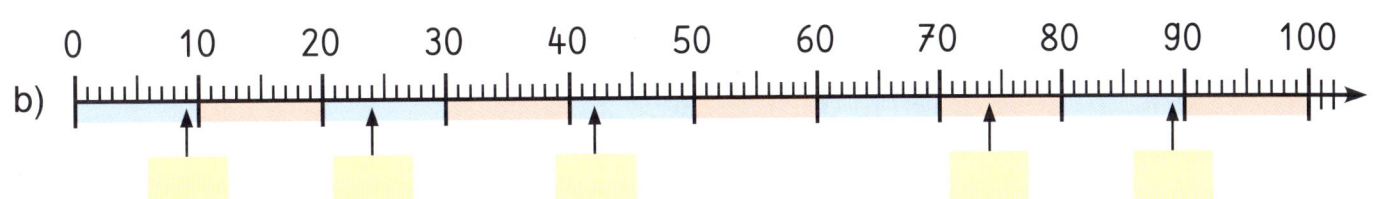

c)
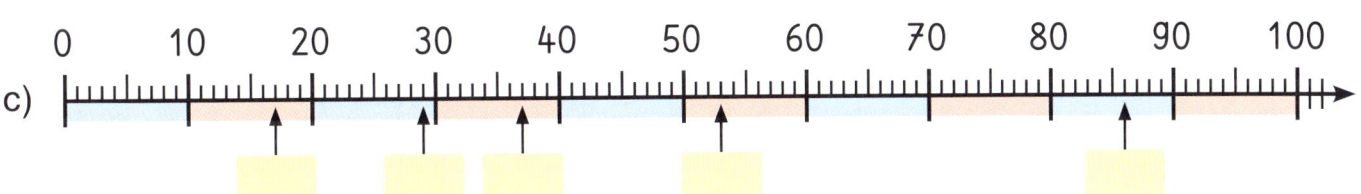

2 Markiere die Zahlen im Zahlenstrahl.

a)
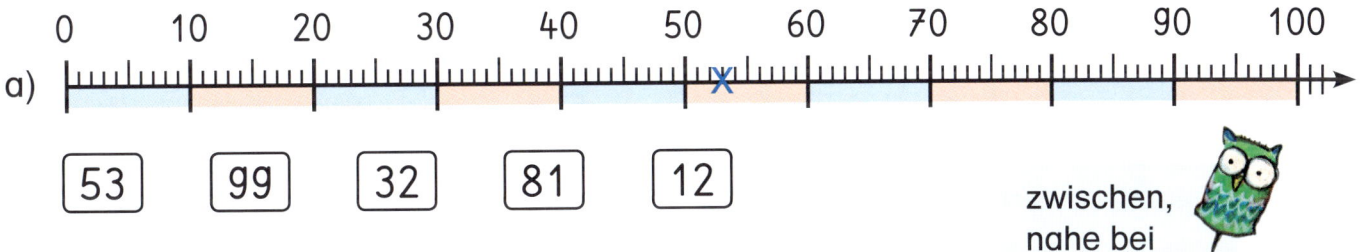

53   99   32   81   12

zwischen, nahe bei

b)
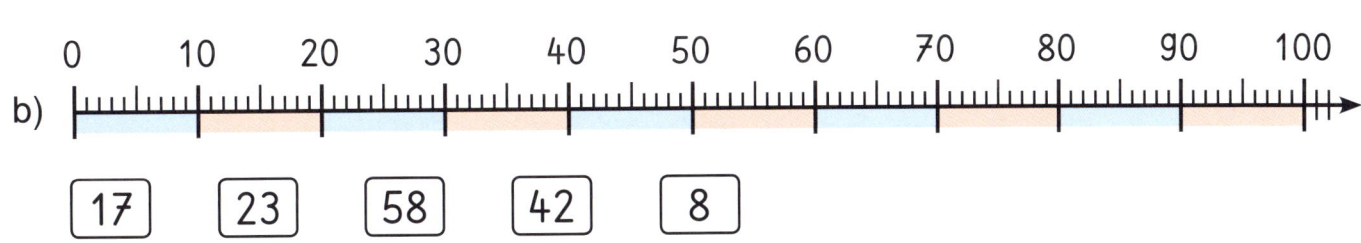

17   23   58   42   8

c)
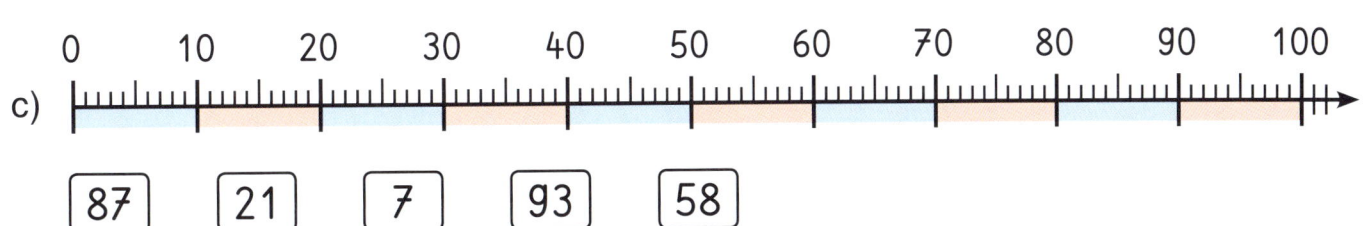

87   21   7   93   58

23. Skizzen und Tabellen

1 Bauarbeiter graben einen Kanal.
Die Skizze zeigt, wie viele Meter sie jeden Tag geschafft haben.

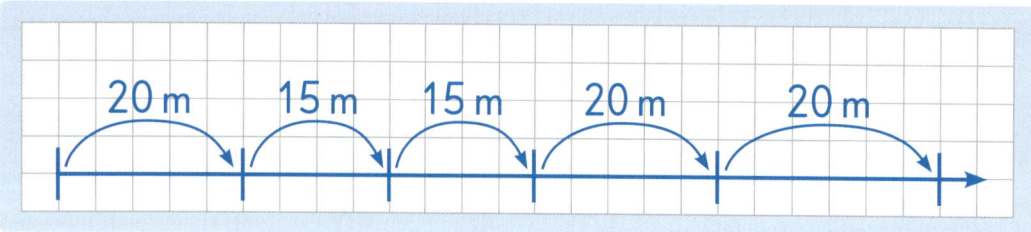

a) Übertrage die Zahlen in die Tabelle.

	1. Tag	2. Tag	3. Tag	4. Tag	5. Tag
Strecke:	20 m				

b) Wie viele Meter wurden insgesamt gegraben?

_____

2 Bauarbeiter pflastern eine Straße.
Die Tabelle zeigt, wie viele Meter sie jeden Tag geschafft haben.

	Montag	Dienstag	Mittwoch	Donnerstag	Freitag
Strecke:	4 m	3 m	5 m	4 m	4 m

a) An welchem Tag haben sie am meisten geschafft?

b) An welchem Tag haben sie am wenigsten geschafft?

c) Wie viele Meter haben sie in dieser Woche geschafft?

d) Zeichne eine Skizze.

Bleib in Form!

3 Ergänze die Zahlenmauern.

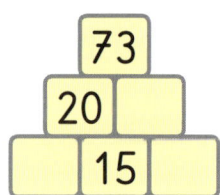
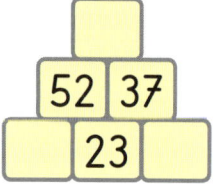
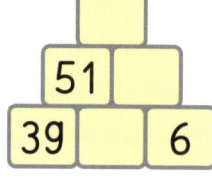
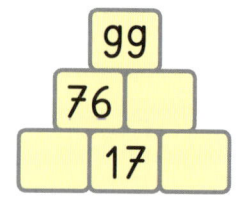
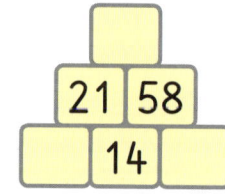

1 Das Schaubild zeigt, wie viele Lose Hanna verkauft hat.

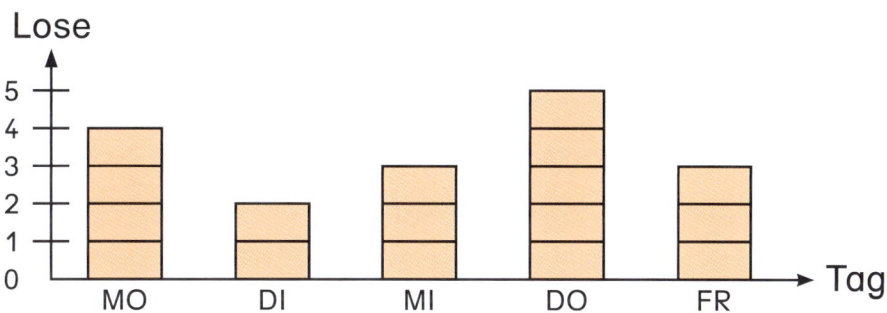

a) An welchem Tag hat Hanna am meisten verkauft?

b) An welchem Tag hat Hanna am wenigsten verkauft?

c) Wie viele Lose hat Hanna in dieser Woche verkauft?

d) Wie viel Geld hat sie eingenommen, wenn ein Los 5 Euro kostet?

e) Übertrage die Zahlen in die Tabelle.

	Montag	Dienstag	Mittwoch	Donnerstag	Freitag
Lose:					

2 Die Tabelle zeigt, wie viele Lose Gregor verkauft hat.

	Montag	Dienstag	Mittwoch	Donnerstag	Freitag
Lose:	2	3	5	4	6

a) Zeichne das Schaubild fertig

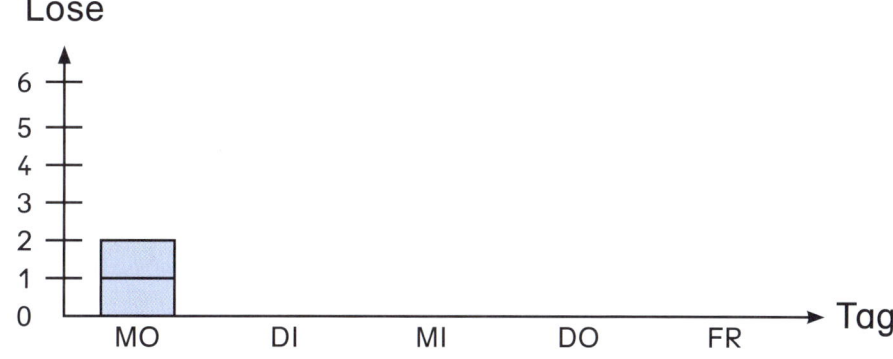

b) Wie viel Geld hat er eingenommen, wenn ein Los 5 Euro kostet?

23. Skizzen und Tabellen

1 Entlang eines Weges sollen drei Laternen aufgestellt werden.
Der Weg ist 30 Meter lang.

a) Vergleiche die Skizzen von Lisa und Verena.
Finde Vor- und Nachteile.

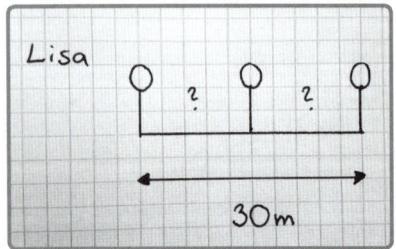 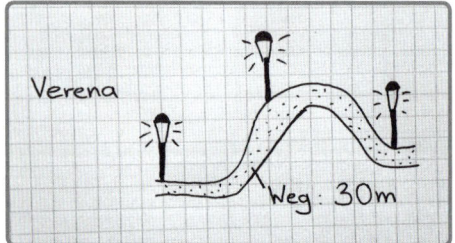

b) Rechne aus, wie weit die Laternen voneinander entfernt sind.

2 Entlang eines Weges sollen vier Laternen aufgestellt werden.
Der Weg ist 24 Meter lang.

a) Zeichne eine Skizze.

b) Rechne aus, wie weit die Laternen voneinander entfernt sind.

3 Zeichne immer Geld im Wert von 7 Euro in die Sparbüchsen
und rechne zusammen.

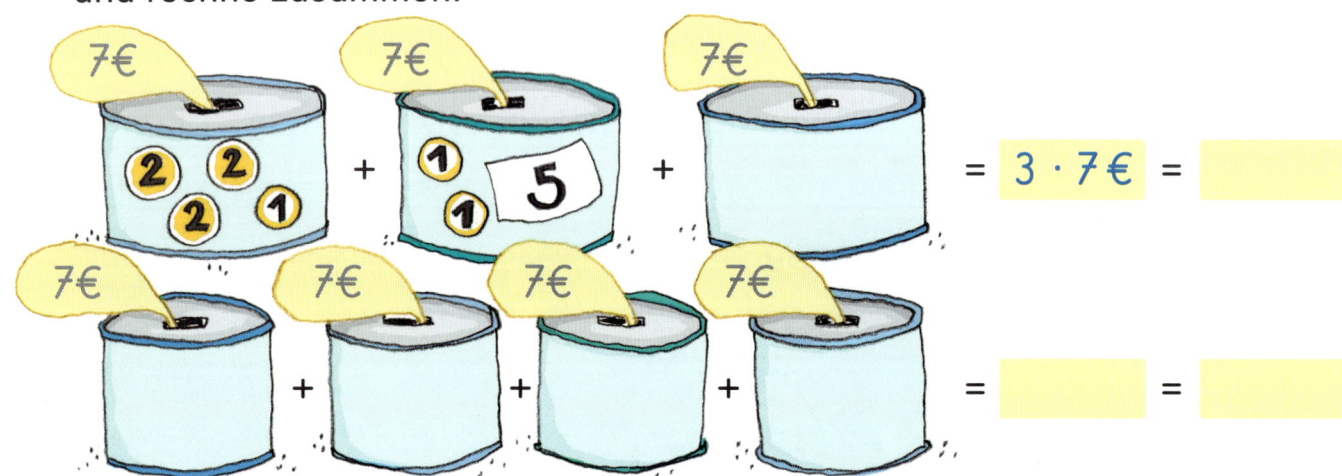

Bleib in Form!

4 Schreibe die Zahlen der 7er-Reihe.

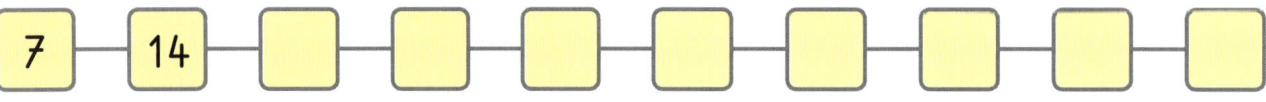

7 — 14 — ⬜ — ⬜ — ⬜ — ⬜ — ⬜ — ⬜ — ⬜ — ⬜

Darstellungen: Skizzen, 7er-Reihe

24. Teilen mit Rest

1   Bilde Gruppen.

14 Plättchen. Bilde 4er-Gruppen.

14 : 4 = 3   und   2 bleiben Rest.

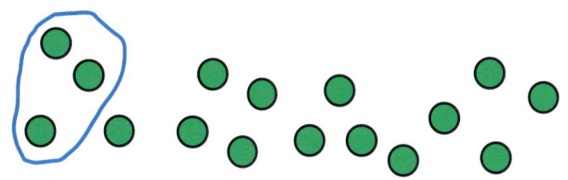

16 Plättchen. Bilde 3er-Gruppen.

und

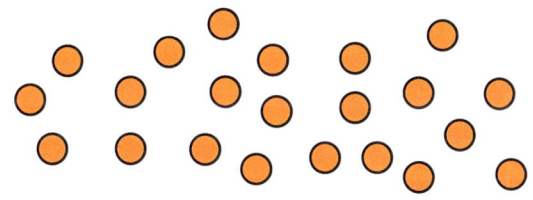

22 Plättchen. Bilde 5er-Gruppen.

und

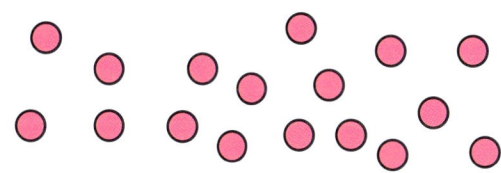

17 Plättchen. Bilde 2er-Gruppen.

und

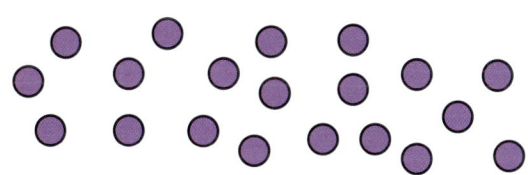

20 Plättchen. Bilde 3er-Gruppen.

und

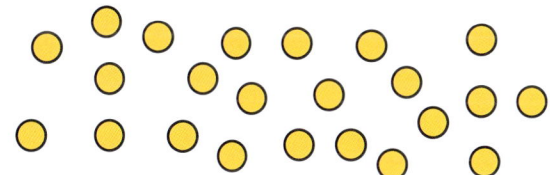

23 Plättchen. Bilde 4er-Gruppen.

und

2   Lege und rechne.

13 : 2 = 6   Rest   1   11 : 2 =   Rest

13 : 3 =   Rest   11 : 3 =   Rest

13 : 4 =   Rest   11 : 4 =   Rest

13 : 5 =   Rest   11 : 5 =   Rest

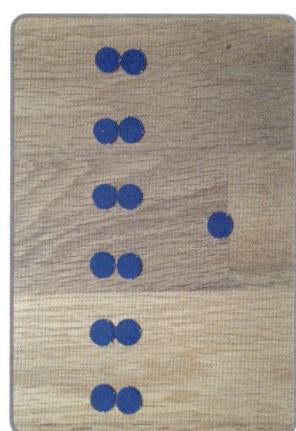

24. Teilen mit Rest

1   Rechne und kontrolliere mit der Umkehraufgabe.

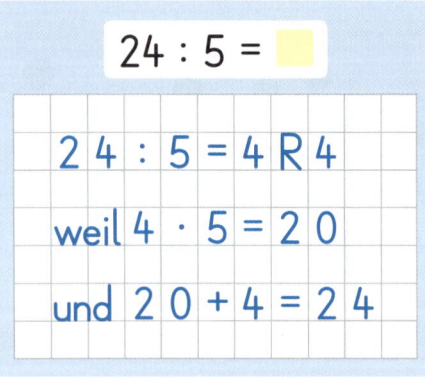

24 : 5 = ☐

| 2 4 : 5 = 4 R 4 |
| weil 4 · 5 = 2 0 |
| und 2 0 + 4 = 2 4 |

Statt 4 und 4 bleibt Rest, schreibe die Kurzform: 4 R 4

32 : 5 = ☐   7 : 5 = ☐

19 : 5 = ☐   13 : 5 = ☐

48 : 5 = ☐   43 : 5 = ☐

17 : 5 = ☐   22 : 5 = ☐

2   Rechne. Was fällt auf?

15 : 5 = ☐   12 : 6 = ☐   10 : 2 = ☐   18 : 9 = ☐

16 : 5 = ☐   14 : 6 = ☐   11 : 2 = ☐   20 : 9 = ☐

12 : 3 = ☐   16 : 4 = ☐   14 : 7 = ☐   40 : 8 = ☐

14 : 3 = ☐   18 : 4 = ☐   18 : 7 = ☐   46 : 8 = ☐

3   Rechne.

15 : 2 = 7 R 1   14 : 3 = ☐   18 : 4 = ☐   21 : 5 = ☐

19 : 2 = ☐   25 : 3 = ☐   39 : 4 = ☐   34 : 5 = ☐

 3 : 2 = ☐   8 : 3 = ☐   25 : 4 = ☐   0 : 5 = ☐

25 : 6 = 4 R 1   18 : 7 = ☐   45 : 8 = ☐   20 : 9 = ☐

20 : 6 = ☐   2 : 7 = ☐   10 : 8 = ☐   30 : 9 = ☐

40 : 6 = ☐   50 : 7 = ☐   65 : 8 = ☐   40 : 9 = ☐

Bleib in Form!

4   Rechne.

14 : 2 = ☐   12 : 2 = ☐   16 : 2 = ☐   6 : 2 = ☐

18 : 2 = ☐   8 : 2 = ☐   4 : 2 = ☐   10 : 2 = ☐

Teilen mit Rest, Umkehraufgabe

24. Teilen mit Rest

1 Rechne und kontrolliere mit der Umkehraufgabe.

a) In einer Packung sind 15 Kekse.
Vier Mädchen teilen sie gerecht auf.
Wie viele Kekse bleiben übrig?

b) Auf einem Bogen Papier sind 17 Aufkleber.
Bernd und seine Schwester teilen gerecht.
Bleiben Aufkleber übrig? Wie viele?

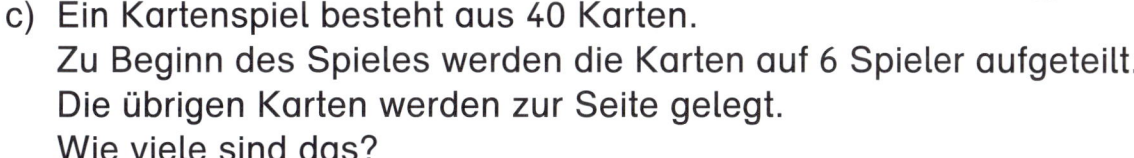

c) Ein Kartenspiel besteht aus 40 Karten.
Zu Beginn des Spieles werden die Karten auf 6 Spieler aufgeteilt.
Die übrigen Karten werden zur Seite gelegt.
Wie viele sind das?

d) In der Klasse stehen 26 Stühle.
Sie sollen auf die Tische gestellt werden.
Peter, Oleg und Franz möchten die Arbeit so gerecht wie möglich teilen.
Wie viele Stühle soll jeder von ihnen hinaufstellen?

2 Finde den Fehler.

Fünf Kinder teilen ein Teller voll Kirschen auf.
Wie viele der 28 Kirschen bleiben dabei übrig?

R: $28 : 5 = 5 \, R \, 1$

A: 1 Kirsche bleibt übrig.

Schau dir Anitas Lösung an.
Hat sie richtig gerechnet?
Falls nicht, beschreibe was sie
falsch gemacht hat und löse die
Aufgabe selbst richtig.

3 Finde selbst Fragen und löse die Aufgaben.

a) Im Ferienlager sind 45 Kinder und 7 Begleitpersonen.
Am Nachmittag gibt es Eis.
In einer Packung Eis sind sechs Stück.

b) 26 Leute wollen Boote ausleihen.
In einem Tretboot haben 4 Leute Platz, in einem Ruderboot
haben 5 Leute Platz.

c) Fünf Kinder sammeln Versteinerungen. Sie finden 32 Stück.

Teilen: Sachaufgaben

1 Die 25 Kinder der 2 b Klasse gehen ins Schwimmbad.
8 Kinder können noch nicht gut schwimmen.

   a) Wie viel gute Schwimmer sind in der Klasse?

   b) Ändere die Aufgabe so, dass fast alle Kinder gute
      Schwimmer sind, und löse sie erneut.

2 Jörg stellt sich bei der Wasserrutsche an.
Vor ihm stehen noch 5 Kinder, hinter ihm stehen 7 Kinder.

   a) Wie viele Kinder stellen sich insgesamt an?

   b) Ändere die Aufgabe so, dass weniger Kinder vor Jörg stehen,
      die Gesamtzahl der Kinder aber nicht verändert wird.

3 Die Lehrerin kauft für alle Kinder ein Eis. Das kostet 35 €.
Sie bezahlt mit einem 50-Euro-Schein.

   a) Berechne das Wechselgeld.

   b) Ändere die Aufgabe so, dass das
      Wechselgeld mehr als 20 € beträgt.

4 Aus der Sauna kommen 19 Leute.
Im Ruhebereich stehen 11 rote und 6 blaue Liegen bereit.

   a) Wie viele Liegen fehlen?

   b) Ändere die Aufgabe so, dass 5 Liegen zu viel bereit stehen.

   ★ c) Welche der drei Zahlen aus der Angabe kann man dafür ändern,
         welche nicht? Begründe.

Bleib in Form!

5 Auf einen Blick: Wie viel Geld ist das?

a)
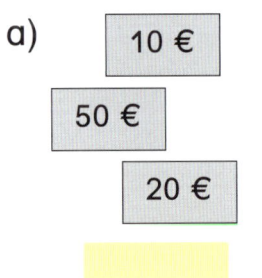
| 10 € |
| 50 € |
| 20 € |

b)
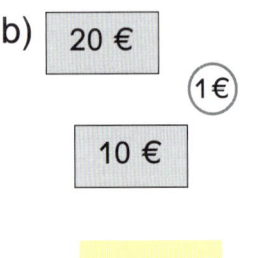
| 20 € |
| 1 € |
| 10 € |

c)
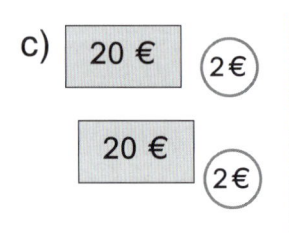
| 20 € | 2 € |
| 20 € | 2 € |

d)
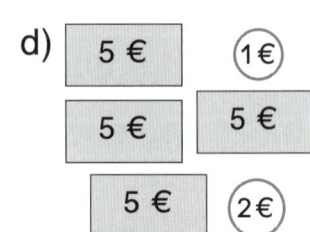
5 €	1 €
5 €	5 €
5 €	2 €

Sachrechnen: Variation von Aufgaben

25. Rechengeschichten

1 Finde Fragen, rechne und schreibe die Antworten.

a) Mühle ist ein Spiel für zwei Personen.
Jede Person bekommt 9 Steine.

F: Wie viele Steine hat das Spiel?

R: $2 \cdot 9 = 18$

A: Das Spiel hat 18 Steine.

b) Schnapsen ist ein Kartenspiel. Um zu gewinnen braucht man 66 Punkte. Elfi hat schon 42 Punkte.

c) Beim Scrabble legt man Wörter aus Buchstaben. Edi hat das Wort SONNE gelegt. Das bringt 6 Punkte. Weil Edi das Wort auf ein rosa Feld gelegt hat, erhält er doppelt so viele Punkte.

d) Tamara hat beim Scrabble das Wort DOOF auf ein rotes Feld gelegt. Deshalb bringt ihr das Wort nicht 9 Punkte, sondern drei Mal so viel.

e) Ein Schachbrett hat 8 mal 8 Felder.

f) Leo und Thomas spielen Dame. Zu Beginn hatte jeder 12 Spielsteine. Leo hat jedoch schon 5 Spielsteine verloren.

g) Die Kinder im Park spielen oft Räuber und Gendarm. Heute spielen 5 Gendarmen gegen 17 Räuber.

2 Kann das stimmen? Begründe deine Antworten.

a) Lisa und Maria spielen Mensch-Ärgere-Dich-nicht. Lisa hat schon doppelt so oft gewonnen wie Maria. Maria behauptet: „Wenn ich das nächste Spiel gewinne, haben wir beide gleich oft gewonnen!"

b) Anton erzählt: „Ich habe mal gegen meine Großmutter Schach gespielt. Die Partie hat ganze 3 Wochen gedauert! Sie war so spannend, dass wir in dieser Zeit weder gegessen, noch geschlafen haben."

c) Jessica und ihre Mannschaft liegen im Fußball 0 : 5 zurück. Das Spiel dauert nur noch 3 Minuten. Jessica feuert ihre Kameradinnen an: „Wenn wir noch ein Tor schießen, erreichen wir wenigstens noch ein Unentschieden!"

Sachrechnen, Plausibilität

26. Bauwerke

1 Alle Würfel sind gleich groß. Zähle die Würfel dieser Bauwerke.

6 Würfel   _____   _____   _____

2 Alle Würfel sind gleich groß. Zähle die Würfel dieser Bauwerke.

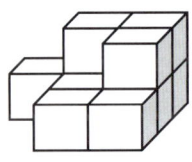 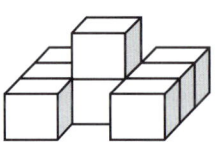 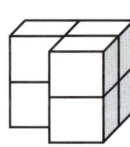 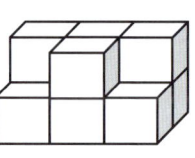

Würfel   Würfel   Würfel   Würfel

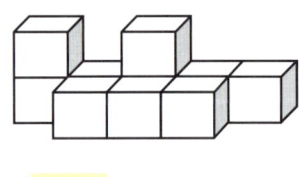 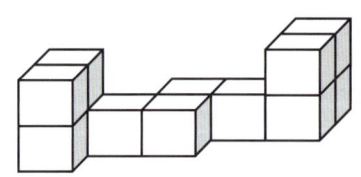

Würfel   Würfel

Bleib in Form!

3 Rechne und ergänze die fehlenden Rechnungen.

12 : 2 =	10 : 5 =	9 : 3 =
13 : 2 =	11 : 5 =	10 : 3 =
14 : 2 =	12 : 5 =	11 : 3 =
15 : 2 =	13 : 5 =	12 : 3 =

26. Bauwerke

1 Cedric, Nora und Linn machen Fotos. Zeichne, wie ihre Bilder aussehen werden.

a)

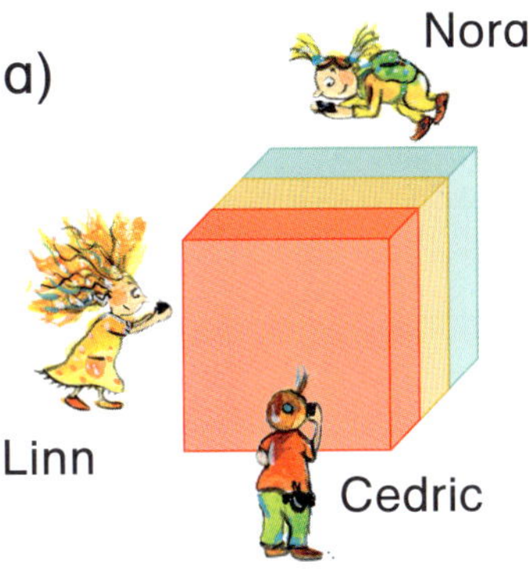

Nora

Linn

Cedric

Cedrics Foto	Noras Foto	Linns Foto
von vorne	von oben	von der Seite

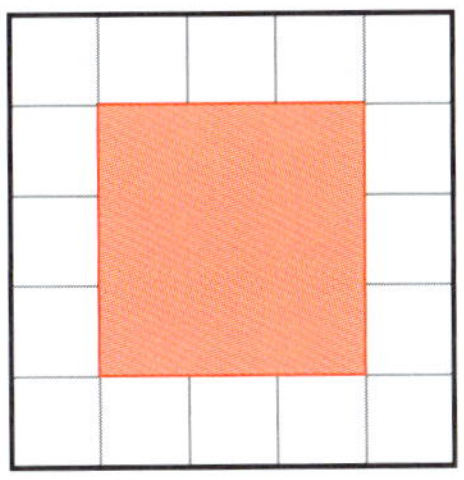

b)

von vorne	von oben	von der Seite

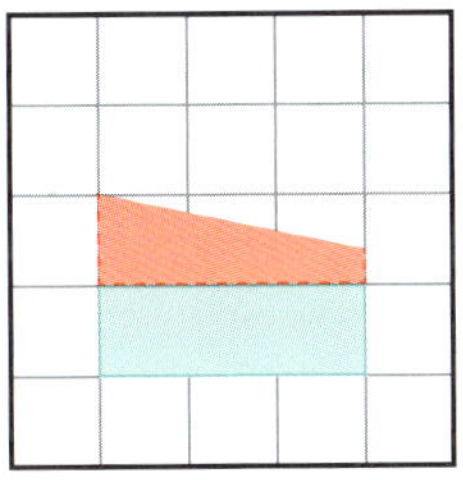

c)

von vorne	von oben	von der Seite

d)

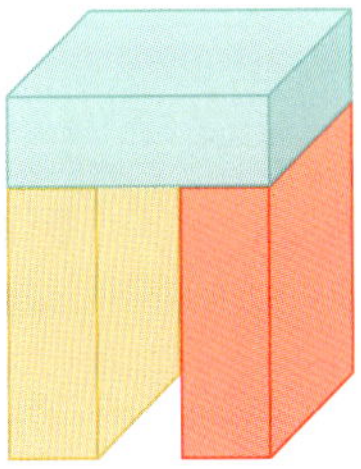

von vorne	von oben	von der Seite

e)

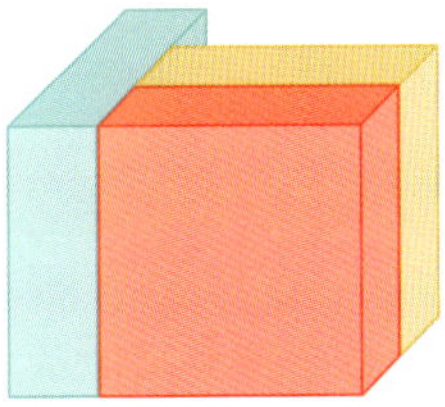

von vorne	von oben	von der Seite

Geometrische Körper: Ansichten

26. Bauwerke

1 Schreibe die Namen der Körper unter die Bilder.

Würfel
Quader
Zylinder ✓
Kugel
Kegel
Prisma
Pyramide

Zylinder _____ _____

_____ _____ _____ _____

2 Male die Bausteine in der richtigen Farbe an und zähle sie.

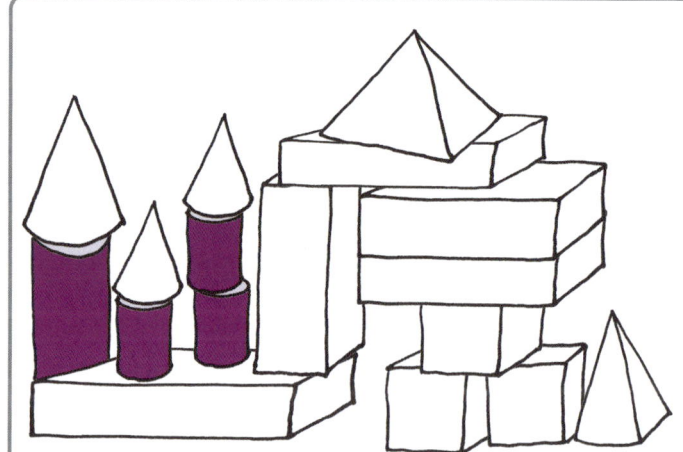

Name	Farbe	Anzahl
Würfel	rot	
Quader	braun	
Zylinder	lila	4
Pyramide	grün	
Kegel	schwarz	

Bleib in Form!

3 Rechne und ergänze die fehlenden Rechnungen.

18 : 2 = 　　　　20 : 5 = 　　　　12 : 4 =

17 : 2 = 　　　　19 : 5 = 　　　　11 : 4 =

16 : 2 = 　　　　18 : 5 = 　　　　10 : 4 =

15 : 2 = 　　　　17 : 5 = 　　　　9 : 4 =

27. Rechentricks

1 Denke nach, bevor du rechnest.

45 − 10 + 10 = ☐   18 + 20 − 20 = ☐   14 − 7 + 7 = ☐

29 + 62 − 62 = ☐   34 − 13 + 13 = ☐   89 − 22 + 22 = ☐

2 Denke nach, bevor du rechnest.

15 + 24 − 15 = ☐   25 − 25 + 19 = ☐   81 − 15 + 15 = ☐

36 − 36 + 48 = ☐   63 + 12 − 63 = ☐   72 − 72 + 28 = ☐

3 Rechne mit dem Nachbarzahlentrick.

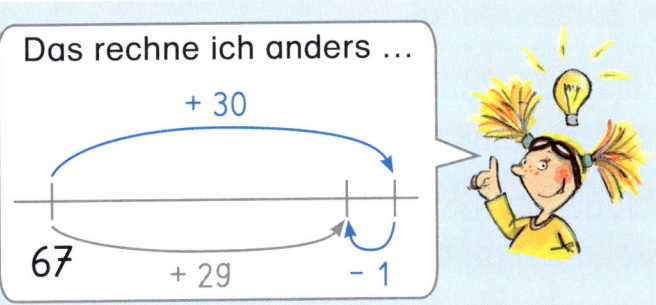

67 + 30 = ☐   Das rechne ich anders …   36 + 20 = ☐

67 + 29 = ☐   + 30   36 + 19 = ☐

67   + 29   − 1

23 + 40 = ☐ | 54 + 10 = ☐ | 34 + 30 = ☐ | 28 + 50 = ☐

23 + 39 = ☐ | 54 + 9 = ☐ | 34 + 29 = ☐ | 28 + 49 = ☐

4 Rechne mit dem Nachbarzahlentrick.

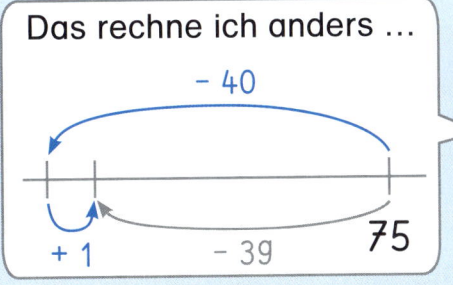

75 − 40 = ☐   Das rechne ich anders …   84 − 30 = ☐

75 − 39 = ☐   − 40   84 − 29 = ☐

+ 1   − 39   75

42 − 10 = ☐ | 58 − 20 = ☐ | 60 − 40 = ☐ | 81 − 20 = ☐

42 − 9 = ☐ | 58 − 19 = ☐ | 60 − 39 = ☐ | 81 − 19 = ☐

27. Rechentricks

1 Setze die Zahlenreihe fort. Beschreibe die Muster.

a) 42, 38, 34, 30 , 26 , 22

Beschreibung: <u>immer 4 weniger</u>

d) 13, 25, 37, ___ , ___ , ___

Beschreibung: _____

b) 6, 16, 26, ___ , ___ , ___

Beschreibung: _____

e) 88, 77, 66, ___ , ___ , ___

Beschreibung: _____

c) 100, 98, 96, ___ , ___ , ___

Beschreibung: _____

f) 92, 83, 74, ___ , ___ , ___

Beschreibung: _____

2 Finde passende Zahlenreihen.

a) Die Reihe soll aus 5 Zahlen bestehen. Die erste Zahl lautet 15.
Die Zahlen sollen immer um 2 kleiner werden.

b) Die Reihe soll aus 4 Zahlen bestehen. Die erste Zahl lautet 6.
Die Zahlen sollen immer um 20 größer werden.

c) Die Reihe soll aus 6 Zahlen bestehen. Die erste Zahl lautet 3.
Die Zahlen sollen immer verdoppelt werden.

3 Finde fehlende Zahlen in diesen Reihen.
Beschreibe die Reihen.

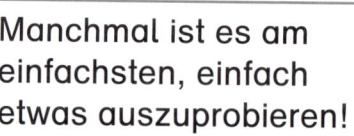

Manchmal ist es am einfachsten, einfach etwas auszuprobieren!

a) ___ , 30, ___ , 20, ___ , 10

c) ___ , ___ , 20, ___ , ___ , 41

b) 62, ___ , ___ , 74, ___ , 82

d) 65, ___ , ___ , ___ , ___ , 20

Bleib in Form!

4 Rechne und ergänze die fehlenden Rechnungen.

20 : 5 = ___   45 : 5 = ___   50 : 5 = ___   25 : 5 = ___

15 : 5 = ___   10 : 5 = ___   30 : 5 = ___   35 : 5 = ___

Muster in Zahlenreihen

1 Rechne im Kopf.

a) Neben dem Spielplatz stehen 5 Bänke. Auf jeder Bank sitzen drei Leute. Wie viele Leute sitzen auf den Bänken?

A: Auf den Bänken sitzen _____ Leute.

b) Um den großen Turm zu besteigen, muss man über zwei Leitern klettern. Die erste Leiter hat 14 Sprossen, die zweite Leiter hat 8 Sprossen. Wie viele Sprossen sind das zusammen?

A: Das sind _____ Sprossen.

c) Angela ist 7 Jahre alt. Sie hat 30 Murmeln zum Spielplatz mitgebracht. Als sie die Murmeln wieder einsammelt, findet sie nur noch 24 Murmeln. Wie viele Murmeln fehlen?

A: Es fehlen _____ Murmeln.

d) Bernd und Jussuf spielen Federball. Sie zählen mit, wie oft sie den Ball hin und her spielen können, bevor er zu Boden fällt. Gerade haben sie 78 Schläge geschafft. Ihr Rekord ist aber 20 Schläge höher. Wie hoch ist ihr Rekord?

A: Ihr Rekord liegt bei _____ Schlägen.

e) Frau Berger hat 3 Hunde. Am Sonntag geht sie immer in den Park Tauben füttern. Es kommen 12 graue und 4 weiße Tauben. Wie viele Tauben sind das insgesamt?

A: Das sind _____ Tauben.

f) Jutta hat eine Packung Luftballons zum Spielplatz mitgebracht. Darin sind 14 Stück. Wie viele Luftballons bekommt Gabriel, wenn Jutta und er gerecht teilen?

A: Gabriel bekommt _____ Luftballons.

g) 17 Kinder spielen Verstecken. Ein Kind ist Sucher, die anderen verstecken sich. Der Sucher hat schon 10 Kinder gefunden. Wie viele verstecken sich noch?

A: Es verstecken sich noch _____ Kinder.

Wiederholung: Kopfrechnen in Sachsituationen

28. Das kann ich schon!

1 Du siehst hier Kunstwerke des Künstlers Aakash Nihalani aus New York.

a) Betrachte die Fotos. Wie könnten sie gemacht worden sein?

b) Beschreibe diese Kunstwerke. Welche Formen werden verwendet? Welcher täuschende Eindruck entsteht?

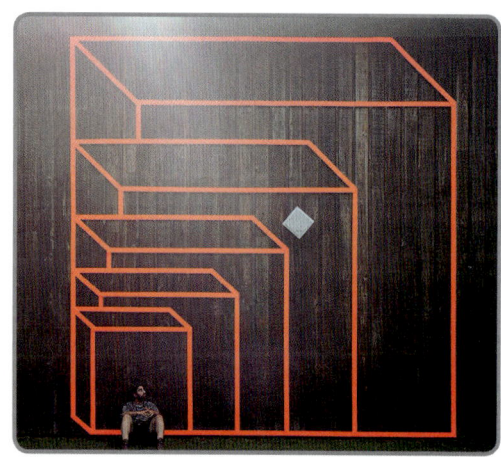 

⭐ c) Gestalte selbst Kunstwerke wie Aakash Nihalani. Du brauchst dazu nur Klebeband und einen Fotoapparat.

Bleib in Form!

2 Rechne.

$5 \cdot 9 =$ ☐ $3 \cdot 9 =$ ☐ $1 \cdot 9 =$ ☐ $7 \cdot 9 =$ ☐

$8 \cdot 9 =$ ☐ $6 \cdot 9 =$ ☐ $4 \cdot 9 =$ ☐ $2 \cdot 9 =$ ☐

1 Schreibe die Nachbarzahlen.

13	14	15		80			67			99			27	

	49			56			30			31			71	

2 Schreibe die gesuchten Zahlen.

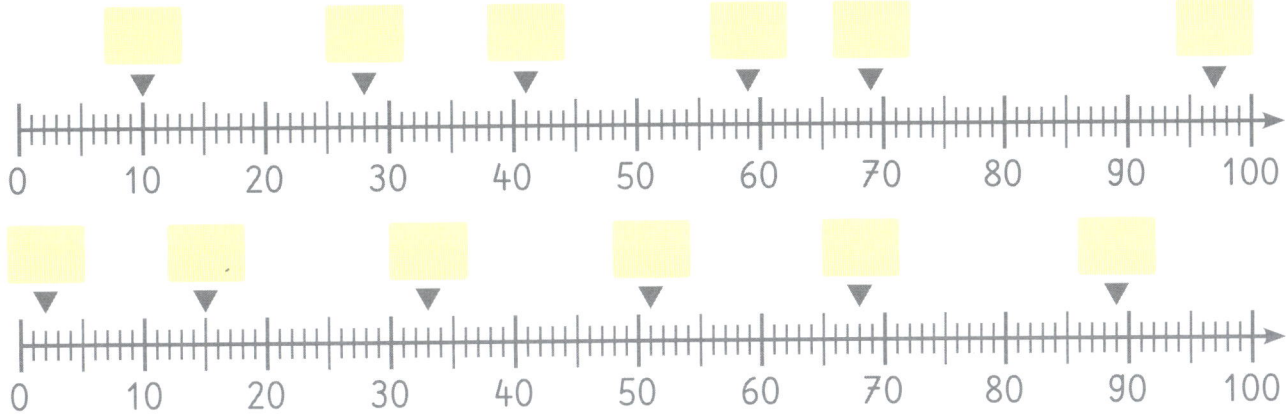

3 Drei Zahlen, vier Aufgaben.

a)
13
34
47

$13 + 34 = 47$
$34 + 13 = 47$
$47 - 13 = 34$
$47 - 34 = 13$

b) 33 66 99

c) 82 5 87

d) 64 36 ?

e) 56 43 ?

4 Drei Zahlen, vier Aufgaben.

a)
8
7
56

$8 \cdot 7 = 56$
$7 \cdot 8 = 56$
$56 : 7 = 8$
$56 : 8 = 7$

b) 8 9 72

c) 63 7 9

d) 56 7 ?

e) 2 18 ?

Wiederholung: Zahlenraum 100, Nachbarzahlen, Zahlenstrahl, Tausch- und Umkehraufgaben

28. Das kann ich schon!

1 Finde den Weg durch das Domino-Labyrinth.

Du darfst auf deinem Weg nur über Steine gehen, die wie bei einem richtigen Domino aneinandergelegt sind.

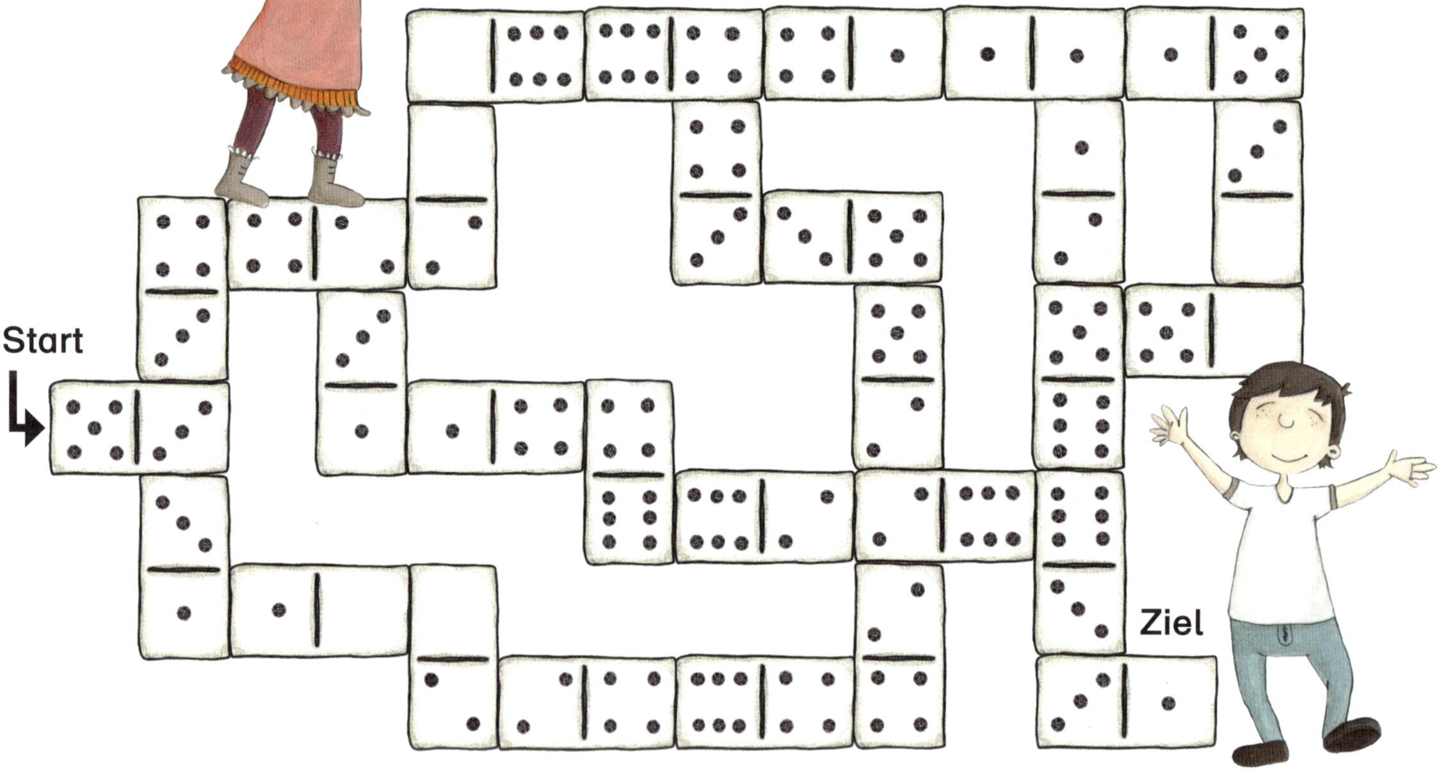

Start

Ziel

2 Entwirf selbst ein Domino-Labyrinth. Zeichne Punkte auf die Steine.

⭐

1) Beim Domino dürfen nur Steine angelegt werden, die das gleiche Zahlenbild aufweisen. Hier gibt es nur einen gültigen Weg.